经典云南

谢本书 ◎ 著

云南出版集团公司
云南教育出版社

重九枪声——辛亥革命云南纪事

图书在版编目（CIP）数据

重九枪声：辛亥革命云南纪事 / 谢本书著. —昆明：云南教育出版社，2012.1
（经典云南丛书）
ISBN 978-7-5415-6142-9

Ⅰ.①重… Ⅱ.①谢… Ⅲ.①辛亥革命－史料－云南省 Ⅳ.①K257.06

中国版本图书馆CIP数据核字(2011)第282005号

书　　名	重九枪声——辛亥革命云南纪事
作　　者	谢本书
策 划 人	李安泰　杨云宝
组 稿 人	吴学云
出 版 人	李安泰
责任编辑	徐荣仁
装帧设计	向　炜
责任印制	赵宏斌　张　旸

云南出版集团公司 出版发行
云南教育出版社

昆明市环城西路609号 www.yneph.com
全国新华书店经销
云南新华印刷实业总公司一厂印刷
2012年1月第1版　2012年1月第1次印刷
787毫米×1092毫米　1/32开本　2.625印张　71千字

ISBN 978-7-5415-6142-9
定价 4.80元

总　序

云南，从渺远神秘而又带着蛮荒色彩的"彩云之南"走到今天，一步一个脚印跋涉在中华大地上。

云南山水，多娇诱人。

闻名遐迩的喀斯特地质奇观石林，奇妙无比。

迷人的高原深水湖泊抚仙湖，凝波如玉。

秘境香格里拉的高山草甸，杜鹃如火；巍峨雪山，苍茫古远。

低纬度的明永冰川，从古流到今；高黎贡山的各色鲜花，从冬开到夏。

大理的风花雪月，丽江的小桥流水，版纳的原始森林，腾冲的地热奇景，泸西的阿庐古洞，怒江的东方大峡谷，令人陶醉。

七彩云南，蕴涵的又何止是奇山美水？！

这里，有寒武纪早期生物大爆炸的典型：澄江动物化石群。这里，诞生了中国最古老的人类：元谋人。这里，曾崛起过古滇国、哀牢国、南诏国、大理国。这里，有蜀身毒道、秦五尺道、茶马古道、滇缅公路、驼峰航线。这里，有世界上唯一活着的象形文字"东巴文"。这里，出现了中国第一个海关、第一座水电站、第一条民营铁路。

这里，有与黄埔军校齐名的云南陆军讲武堂。

这里，爆发过反对清王朝统治的重九起义。

这里，在袁世凯复辟帝制时，率先通电全国，举起了护国运动的大旗。这里，举办过名垂青史的西南联大，并爆发了震惊全国的"一二·一"运动。这里，曾经涌现了杨振鸿、张文光、蔡锷、李根源、唐继尧、庾恩旸、刀安仁、杨杰、罗炳辉等一个个热血汉子；这里，也曾经孕育出书法家钱南园、医药家兰茂、数学家熊庆来、哲学家艾思奇、音乐家聂耳、诗人柯仲平、舞蹈家杨丽萍、诗书画三绝的担当大师等文化奇才。

朱德、叶剑英，在这里留下了坚实的足迹；徐霞客、杨慎，在这里留下了自己的千古绝唱。

这里还有神奇的云南白药、剔透如玉的云子、独树一帜的普洱茶。

这里的僰人悬棺、纳西古乐、摩梭走婚、白族三道茶、彝族跳菜等滇人风貌和民族风情，更是诉说不尽。

"经典云南丛书"像一根线，把散落于三迤大地的粒粒圆润闪亮的珍珠串连起来，呈现于您的眼前，让您清晰地看到云南山水奇观、人文历史和民族风俗的经典篇章，让您在愉快的阅读体验中增加知识、增长见闻、解密未知。

"经典云南丛书"为百科式解读云南的通俗性读物，融知识性、趣味性、探秘性与时代性为一体，以一种新的视角和叙述方式展现云南的独特之美，以满足人们了解云南、探秘云南、遨游云南的愿望，希望我们所做的一切已达到了。

编　者

目 录

一、辛亥起义之火从武昌烧到昆明 …………………………………… 1
  1. 九省通衢的武昌起义 ……………………………………………… 1
  2. 五花八门的各省响应起义 ………………………………………… 6
  3. 腾越率先在云南起义 ……………………………………………… 9
  4. 革命志士在昆明的精心策划 ……………………………………… 13

二、昆明重九之夜的枪声 ……………………………………………… 22
  1. 巫家坝急促的电话铃声 …………………………………………… 22
  2. 朱德在火线上临阵提拔 …………………………………………… 25
  3. 北校场黄毓英打响了第一枪 ……………………………………… 28
  4. 起义军不怕牺牲，浴血奋战 ……………………………………… 30

三、革命不是为了破坏，而是为了建设 ……………………………… 34
  1. 建设云南军政府，蔡锷出任都督 ………………………………… 34
  2. 礼送李经羲，礼遇满族官员 ……………………………………… 38
  3. 微服出访，编制五年建设大纲 …………………………………… 42
  4. 改革人事制度，不允许走后门 …………………………………… 46
  5. 开源节流，蔡锷两次带头减薪 …………………………………… 50
  6. 迟到罚款，严格办公制度 ………………………………………… 53
  7. 倡导天下一家，希望民族平等 …………………………………… 56
  8. 妥善处理滇西问题，实现全省统一 ……………………………… 58

四、出兵川黔藏，滇军支援邻省 ……………………………………… 63
  1. 支援兄弟，滇军出兵四川 ………………………………………… 63
  2. 滇军北伐，入黔显威风 …………………………………………… 67
  3. 反对英军入侵，滇军进藏平叛 …………………………………… 71

中国共产党第十五次全国代表大会上，提出了一个重要论点，中国20世纪经历了三次历史性巨变，其中第一次历史性巨变就是辛亥革命。中国共产党把辛亥革命与中华人民共和国成立（社会主义制度建立）、改革开放放在一起，这是对辛亥革命的高度评价和重要结论。因为辛亥革命是中国近代史上具有完全意义的民族民主革命，对中国历史发展的进程产生了重大的影响。

而辛亥云南起义，以昆明重九起义为代表，无论其起义的精心准备，战斗的激烈程度，以及新政权建立后实行的一系列改革措施，都在中国辛亥革命史上占有突出的地位。昆明重九起义是中国辛亥革命史上鲜艳的花朵，耀眼夺目。

一、辛亥起义之火从武昌烧到昆明

1．九省通衢的武昌起义

辛亥首义成功地爆发于武昌，既有偶然因素，更有必然条件。

湖北武汉地区，控扼长江腹地，素有九省通衢之称，既是各帝国主义争夺的焦点地区之一，也是清王朝统治的重心之一，又是革命与反革命力量斗争最激烈的地区之一，地位十分重要。革命派在武汉地区经过长期的准备，积蓄了力量，因而在孙中山的号召下，在社会矛盾激化，条件成熟时，起义得以一举成功。

而辛亥革命的爆发，更不是偶然的。它是近代中国社会中，帝国主义与中华民族，封建主义与人民大众这两对基本矛盾不断发展和激化的产物，是近代中国人民长期进行的反帝、反封建斗争的结果。

自1840年鸦片战争以后，中国逐渐地沦为半殖民地半封建的社会。中国人民为了"救亡"和"振兴"进行了长期的英勇斗争，然而一次又一次斗争的失败，教育了、也鼓舞了中国人民的斗志。以孙中山为代表的资产阶级革命派登上了历史舞台，主张推翻清朝封建专制统治，建立资产阶级民主共和国。1905年秋，孙中山①和黄兴②等人在一起，组成了具有近代意义的资产阶级政党——中国同盟会，提出了民族、民权、民生的三民主义，同时组织和发动了八次大规模的武装起义活动，这就为辛亥武昌起义创造了必要的条件。

辛亥革命时期的孙中山先生

1911年9月，由于革命形势的飞速发展，为了集中革命力量，统一行动，在武汉地区的两大革命团体——文学社和共进会，在同盟会中部总会的建议和推动下，联合举行会议，双方同意打破组织界限，重新成立统一的领导机关，筹划起

---

①孙中山（1886—1925）名文，号逸仙，广东香山（今中山市）人，近代资产阶级民主革命家，伟大的革命先行者，中国同盟会创始人。辛亥革命后任南京中华民国临时大总统。1924年主持召开中国国民党第一次全国代表大会，制订以联俄、联共、扶助农工三大政策为中心的新三民主义。1925年3月12日病逝于北京。

②黄兴（1874—1916），原名轸，字克强，湖南善化（今长沙）人，近代民主革命家。早年留学日本，1905年与孙中山共同发起成立中国同盟会，多次领导反清武装起义。辛亥革命后为南京临时政府陆军总长兼参谋总长。1916年10月病逝于上海。

义工作，制订起义计划。会议决定推举蒋翊武①为湖北革命军总指挥，孙武②为参谋长，刘公③任未来的军政府总理；决定在武昌小朝街设军事指挥部，负责有关武昌起义事项；在汉口长清里98号设政治筹备处，负责将来建立革命政权的工作；并决定10月11日发动起义，后又改于10月9日起义。

然而10月9日这一天却发生了意外，孙武等人在汉口俄租界宝善里制造炸药，赶制炸弹，一时不慎，一枚炸弹突然爆炸，孙武受重伤，被送往医院。俄国巡捕闻声赶来，发现这是一个革命党的秘密据点，遂将所藏旗帜、文告、名册、手枪、弹药统统抄走，并通报了清方当局。清方遂下令全城特别戒严，捉拿革命党人。一时大街上岗哨林立，侦探密布，形势紧张。

蒋翊武闻讯，遂在武昌小朝街召开紧急会议，商讨对策。刘复基④冷静地说："事已至此，正是我们和满奴铁血相拼的时候了。与其坐而被捕，不如及时起义，成败利钝，非所计也。"蒋翊武也认为："再无别法，只有提前干，或可死中求生。"于是决定当晚12时起义，以南湖炮队的炮声为号，城内城外一齐响应。然

---

①蒋翊武（1885—1913），字伯夔，湖南澧州（今澧县）人。早年参加革命，1911年为武汉文学社社长，武汉起义军总指挥，起义成功后任湖北军政府军事顾问、护理民军总司令，再任荆豫招抚使，策划讨伐袁世凯，事败遇害。

②孙武（1880—1939），原名葆仁，字尧卿，湖北汉阳人，早年参加革命，留学日本，1991年推为武汉起义军参谋长，起义成功后为湖北军政府军务部长。晚年寄寓京沪间，不问政事。

③刘公（1881—1920），亦名湘，原名炳标，字仲文，湖北襄阳人。早年留学日本，加入同盟会，1911年被推为武汉起义军总理，湖北军政府成立后为总监察，后为北京总统府高等顾问，袁世凯称帝时，参与反袁斗争，后病故于上海。

④刘复基（1883—1911），亦名尧澂，湖南武陵（今常德）人，在日本加入同盟会，武汉文学社评议部部长，起义时任常驻军事筹备员，负责拟订起义计划。10月9日被捕，次日就义，为武昌首义三烈士之一。

而会议尚未结束，突然几个军警破门而入，将与会者包围起来。蒋翊武穿一件破长衫，土头土脑，活像个乡下佬，压根儿不像革命党人，未能引起军警注意，在混乱中逃走。清方遂抓捕了刘复基、彭楚藩①、杨洪胜②三人。刘、彭、杨三人大义凛然，坚贞不屈，为清军杀害。

由于发生意外，10月9日南湖炮声未响。然而三烈士的牺牲，却唤醒了武昌地区的革命群众起来战斗。革命党人约定10月10日晚点名时发难，晚上7时余新军第八镇所属工程兵在营房内发生士兵哗变，几个军官被打死。士兵们夺取了营房中的弹药，一哄而出，于是由队官（连长）吴兆麟担任总指挥，革命党人熊秉坤鸣笛聚众，宣布起义，枪声响起，南湖炮队亦迅速回应。起义官兵迅速攻占了楚望台军械库、蛇山和各城门，然后在楚望台和蛇山制高点上架炮对准湖广总督衙门频频发炮。湖广总督衙门起火了，总督瑞澂丧魂失魄，打穿督署后墙，仓惶逃命。经过一夜的战斗，革命党人攻下了总督衙门，占领了武昌城。在黄鹤楼上，飘起了十八星旗。接着，起义军于11日攻下汉阳，12日攻下汉口，武汉三镇光复了，武昌首义取得了重大胜利。

然而，起义前被推为军事负责人的蒋翊武、孙武，行政负责人的刘公，却因受伤住院或藏匿，未能直接参与和指挥起义。突如其来的胜利，使革命党人一时不知所措，他们在立宪党人汤化龙③等的鼓动下，请出了新军第21混成协协统

---

①彭楚藩（1884—1911），亦名家栋，字青云，湖北武昌人，先后加入共进会和文学社，为武汉起义总指挥部军事筹备员之一。10月9日被捕，次日就义，为武昌首义三烈士之一。

②杨洪胜（1875—1911），字益三，湖南谷城人，1911年加入文学社，武汉起义总指挥部军事筹备员之一。10月9日被捕，次日就义，为武昌起义三烈士之一。

③汤化龙（1874—1918），字济武，湖北蕲水（今浠水）人，著名立宪派人士，曾留学日本，回国后任咨议局副议长、议长。武昌起义后为湖北军政府政事部长、编制部长。后为北京众议院议长、教育总长。1918年遇刺身亡。

（相当于旅长）的黎元洪①为鄂军都督，主持湖北军政府。而当得知要他当都督时，黎元洪吓坏了，面色惨白，急得大喊："我不能胜任，休要害我！"写好安民告示，要黎元洪签署，黎用颤抖的声音又说："莫害我！莫害我！"拒不肯签。革命士兵们说："我们不杀你，要你作都督，你还不愿意。再不答应，我们就枪毙你！"黎仍然不肯签字。结果，只好别人代他签了个"黎"字，于是《中华民国军政府鄂军都督黎布告》当天贴满了全城。这个布告宣告了统治中国几千年的封建专制制度死亡，是号召建立中华民国的第一个布告。新的湖北政权总算是建立了。

武昌起义的消息传到北京，清廷大为震惊。清王朝立即派兵南下，镇压武昌起义。但是形势不容乐观，不得已请出"回籍养病"的北洋军头子袁世凯②出来，主持军事，南下"剿匪"，先是委以湖广总督，后则干脆任命他为内阁总理大臣，向他交出了全部军政大权。于是，袁世凯指挥其北洋军队南下，先后夺回汉口、汉阳，威胁武昌。武昌首义及其后的战斗，是相当激烈的，革命军战士的英勇战斗，不怕牺牲的精神是可歌可泣的。从10月1日武昌首义到11月27日的汉阳失守，湖北军民英勇进行了49天的战斗。据当时湖北军政府统计，革命军阵亡将士达4280余人，失踪2370余人，受伤1735人，共计8000余人。这个数字并

---

①黎元洪（1864—1928），字宋卿，湖北黄陂人，北洋水师学堂毕业，后为第21混成协协统。武昌起义后被推为鄂军都督、鄂省都督，后为北京政府副总统、大总统，1928年病逝于天津。

②袁世凯（1859—1916），字慰亭，河南项城人，北洋军阀首领。早年曾驻朝鲜。1895年开始在小站练编新军，后为山东巡抚、直隶总督兼北洋大臣、军机大臣兼外务部尚书。1909年回籍。1911年辛亥武昌起义后，为内阁总理大臣。1912年3月窃取中华民国临时大总统职，后为正式大总统。1915年复辟封建帝制，在护国军和全国人民的反对下，被迫取消帝制，旋于1916年6月6日死亡。

不全面,据辛亥老人张难先的估计,事实上在这次战斗中献身的革命将士总数当在万人以上。①

接着,全国各地有10多个省响应武昌起义,宣布向清廷独立,革命风暴席卷全国。帝国主义各国也逐渐改变了对清王朝的态度。于是从1911年12月18日起,南北双方开始了"和平谈判",以解决时局。而在南北和谈之际,孙中山从海外归来,表示"革命之目的不达,无和议之可言也。"② 1912年1月1日,孙中山在南京宣布中华民国成立,就任中华民国临时大总统,南京临时政府成立。孙中山在就职宣言中,宣布中华民国临时政府的任务,是"尽扫专制之流毒,确定共和,普利民生,以达革命之宗旨。"③ 延到2月12日,清王朝在接受了优待条件后,宣布退位,发出了退位诏书。这样,以推翻专制,建立共和为目标的辛亥革命,取得了重大胜利。

辛亥革命的伟大功绩,不仅在于推翻了统治中国200多年的清王朝,而且在于推翻延续了2000多年的封建帝制,建立了共和制度;这次革命,也为中国资本主义的发展创造了一定的有利条件;这次革命,还是一次伟大的思想解放运动,既然几千年来被认为神圣不可侵犯的皇权都能打倒,还有什么是不可侵犯、不可改变的呢?辛亥革命以其巨大的历史功绩载入了中国近代史册,是不可磨灭的。

2.五花八门的各省响应起义

武昌首义,全国震动。接着,湖南、陕西、山西、云南等10多个省区积极响应,形成全国规模的起义。当时全国内地18个省中,不到两个月,即有14个省

---

① 张难先:《湖北革命知之录》第379页;又见吴剑杰:《辛亥革命在湖北》第114页,湖北人民出版社1981年版。
② 《孙中山选集》第211页,人民出版社1981年版。
③ 《孙中山选集》第90页,人民出版社1981年版。

举起了义旗,宣布独立,使清王朝迅速陷入了土崩瓦解之中。14省的起义,壮大了革命声势,增强了革命阵营,使革命成为不可扭转的历史潮流。因此,14个省的起义,都具有其相应的历史意义。

然而,应当指出的是,当时各省响应起义却是五花八门的。有人将起义各省的情况分作四类:(一)资产阶级革命的短期政权,如湖南、贵州;(二)新军阀取代资产阶级立宪派的政权,如浙江、四川;(三)假革命党——军阀和流氓政客的政权,如陕西、山西、上海、福建、广东;(四)旧巡抚穿上新都督的外衣,如江苏、广西、江西、安徽、山东。① 而云南,将另为叙述。这个分类,现在看来,是不大符合客观实际的,对起义各省的评价偏低,且不够公正。然而,它在客观上却说明,当时起义的各省,情形很不一样,确是五花八门的。这里,我们试举两种不同类型的湖南,江苏两省为例,加以说明。

首先说湖南。

湖南与湖北紧密相连,两省革命党人一直保持着互相支持的亲密关系。武昌起义后,湖南革命党人直到10月12日才得到正式消息。其时,长沙形势非常紧张,湖南巡抚余诚格调兵严密布防,革命派焦达峰②、陈作新③等人积极研究对策,决定10月22日发起起义。

---

①《武昌起义与各省响应》,林增平等编:《辛亥革命史研究备要》第176页,湖南出版社1991年版。

②焦达峰(1886—1911),原名大鹏,字鞠孙,湖南浏阳人,早年留学日本,加入同盟会任调查部长,后在长沙设立共进会机关部。湖南响应武昌起义后出任湖南军政府都督。10月31日在一次政变中,与副都督陈作新同时被害。

③陈作新(1870—1911),字振民,湖南浏阳人,曾参与唐才常自立军起义,后加入同盟会,加入新军,积极进行反清活动。长沙光复后,出任湖南军政府副都督。10月31日在一次政变中,与都督焦达峰同时被害。

10月22日,革命党人在长沙起义爆发,巡抚余诚格化装逃走,革命军占领湖南巡抚衙门后,即宣布成立中华民国湖南军政府,公举焦达峰为都督,陈作新为副都督。随后湖南全省迅速光复。湖南起义,不仅稳定了武汉的后方,使首义之区无后顾之忧;而且隔绝了清政府与广东、广西南方各省的联系,有力地推动了各省的起义。湖南军政府招募军队达6万人之多,出发援鄂,对武昌起义的革命军也是巨大的支持。

但是,这时以立宪派谭延闿①为代表,却加紧了夺取政权的活动,甚至发动血腥的政变,以图推翻新政权。10月31日,发生兵变,焦达峰、陈作新遇难,立宪派夺取了政权,推举谭延闿为湖南军政府都督。

谭延闿玩弄两面派手法,一方面把这次对焦达峰、陈作新的谋杀案,诿罪于"乱兵",并亲自至焦、陈灵柩前祭奠,下令公署下半旗致哀,建祠铸铜像,抚恤家属;另一方面又扩张立宪派势力,瓦解革命力量,解散焦、陈招募的国民军,排除异己力量等,并相继推翻了各州、县的革命政权,由立宪党人取而代之。这样湖南的革命果实,便被立宪派所攫取了。

其次说江苏。

清代,江苏省南京、苏州分治,两江总督驻南京,江苏巡抚驻苏州。武昌起义时江苏巡抚是程德全②。他于10月26日报告北京政府,"自武昌失陷,苏省人心惶惶,谣言四起,既虑革命之构煽,又防伏莽之窃发。"但是,他却暗中与革命

---

①谭延闿(1880—1930),字组庵,号畏三,湖南茶陵人。1909年任湖南省咨议局议长,立宪党人。长沙起义后,任湖北军政府参议院长、民政部长;焦达峰等遇难后,被推为都督。后加入国民党,曾任湖南省长兼署督军。1927年后曾任国民政府主席、行政院长等职。

②程德全(1860—1930),字纯如,号雪楼,四川云阳人,支持立宪派,先后任黑龙江、江苏巡抚;辛亥武昌起义不久,摇身一变,以巡抚改任江苏都督,后任南京临时政府内务总长等。1913年后退出政界,闭门诵佛。

派搭上关系。上海光复后,江苏失去海口、商埠和军火供应地,全境震动,苏州岌岌可危。程德全不得已,接受本地绅商、立宪派、革命派代表的劝说,乃决定反正。

11月5日,上海民军50人抵苏州后,占领各机关,沿街布哨,要求程德全宣布独立。程表示:"值此无可如何之际,此举未始不赞成。"于是乃于巡抚大堂前挂上一块"民国军政府江苏都督府"的招牌,摇身一变,由清朝巡抚,变成了民国都督,悬挂白旗,鸣炮庆祝。但还感"变革"味道不够,程德全乃命令衙役用竹竿将大堂上的檐瓦挑去几片,落地砸碎,以表示除旧布新,革命成功。随后不久,江苏全省光复。旋,程德全辞都督,去南京临时政府担任新职。

当然,起义总比不起义好。然而,各省五花八门的起义、独立,自然突显了辛亥云南起义与各省五花八门的起义不同的情形和地位。辛亥云南起义可以说,在各省响应武昌起义中,特色鲜明,意义重大,真有点"鹤立鸡群"的感觉了。

3.腾越率先在云南起义

云南是全国响应辛亥武昌起义的第4个省区,是西南地区响应武昌起义的第1个省区。而云南响应辛亥武昌起义,则是由腾越开始的。

腾越今名腾冲,在云南西部边境,与缅甸接壤,自古以来是我国内地经云南通往缅甸、印度的交通要道、边境重镇。自1905年以后,同盟会员秦力山①、杨

---

①秦力山(1877—1906),原名鼎彝,别号巩黄,湖南长沙人,早年留学日本,曾参加唐才常自立军起义,后加入同盟会,1906年后赴云南西部进行革命活动,对刀安仁有很大影响,同年病逝云南干崖。

振鸿①等先后来到滇西地区进行革命活动，并介绍张文光②入同盟会，促成刀安仁③赴日留学，在日本加入同盟会。

刀安仁留日后回到滇西，在腾越地区组织了领导反清起义的核心小组，以刀安仁为组长，张文光为副组长，积极开展活动。刀安仁、张文光都拿出自己的家产，支援革命事业，创立了"自治同志会"的革命团体。

1911年3月，同盟会领导的广州起义的消息传来，张文光等人根据孙中山的印信和革命方略，决定在腾越发动武装起义。但事机不密，起义的消息被清朝腾越当局侦知，清军腾越镇总兵张嘉钰、腾越关道耿葆奎决定逮捕张文光、张镒安、李治等同盟会员，张镒安与腾越厅同知温良彝的私人关系较好，得到告急信，张文光等遂逃往缅甸，得免于难。但"自治同志会"被清朝腾越地方当局下令解散。张文光逃亡缅甸后，仍继续指挥滇西的革命活动，通过同盟会员与会党分子和腾越新军保持着联系。

辛亥武昌起义爆发后，张文光认为大好时机已到，星夜从缅甸潜回腾越，召集革命党人在宝峰山的宝峰寺举行秘密会议，研究起义的步骤和方法。他们决定通过新军中的革命党人陈云龙、李学诗、彭蓂等人，夺取驻腾越的新军两个连队

---

①杨振鸿（1874—1909），字秋帆，云南昆明人，早年留学日本，加入同盟会，后在滇西一带从事革命活动，1908年底在云南，发动永昌（今保山）起义，旋失败。次年初病逝。

②张文光（1882—1914），字绍三，云南腾越人，1907年由杨振鸿介绍加入同盟会，后与返回滇西的同盟会员刀安仁等，在腾越组成反清起义的核心小组，开展活动，创立"自治同志会"。1911年武昌起义爆发后，张文光等即于10月27日，领导了腾越起义，建立滇西军政府，以张文光为第一都督。后为云南协都督，1914年遇难。

③刀安仁（1872—1914），又名郗安仁，字佩生，云南干崖人，傣族土司。1906年赴日本留学，加入同盟会，后回滇西从事革命活动和实业活动，与张文光等组成反清起义的核心小组，自任组长，创立"自治同志会"。武昌起义后，刀安仁联合张文光领导了腾越起义，被推为滇西军政府第二都督。旋受冤入狱，平反后任陆军部中将参议。1913年病逝。

和巡防军两个营的兵权，用军队武装力量，夺取腾越军政指挥机关。10月24日，驻腾越清军中的革命党人，利用野外操练的机会，在叠水河的五皇殿举行了秘密的誓师会议。会上决定10月27日发动起义，议定了军事部署，并通过了起义军的军纪和禁令，宣读了誓词，表示决心举行反清武装起义。

10月27日下午7时，腾越起义爆发。张文光亲自率领一支人马，袭击巡警第四营，打响了起义的第一枪。军中李学诗做内应，击毙了这个营的管带（营长）曹福祥，夺取了指挥权。同时，陈云龙在新军第三营，彭蓂在巡防队第五营，也分别处决了抗拒革命的反动军官，率队起义。经过一昼夜的战斗，起义军占领了腾越，腾越镇总兵张嘉钰吞金自杀，腾越关道耿葆奎投降，腾越厅同知温良彝逃走。于是，腾越起义宣告成功，腾越街头飘起了起义军的旗帜——九星旗。

10月28日，起义军将领及自治局绅、商代表，在腾越自治公所举行会议，决定成立滇西军都督府（军政府），推举张文光为都督。稍后，刀安仁从干崖赶来腾越。又决定改张文光为滇西军政府第一都督，而以刀安仁为滇西军政府第二都督。同时，决定陈云龙为都指挥，李学诗、钱泰丰、彭蓂为统领，以"九星旗"为军政府旗帜；还决定扩充军队，向昆明进发，促进全省起义，以扩大成果。起义军发出布告声明，腾越起义是孙中山革命方略指导的结果，目的是要"驱除满奴，恢复腾越，为我滇反正起点，不日滇域必响应之。""自今以始，同享幸福。"布告宣布了起义军22条暂行条律，要求是相当严格的，旗帜是相当鲜明的：

一、地方生命财产，我军妥为保护。

二、英员生命财产及衙署教堂，我军妥为保护。

三、秋稻成熟，农民须速收获，以赡身家。

四、四民各安生理，照旧赶街贸易。

五、城乡男女各校，照旧开办功课。

六、诸色人等,勿得误听谣言,互相惊疑,自外生成。

七、军人不守纪律者斩。

八、诸色人等报复私仇者斩。

九、假威借势,强逼民间财物者斩。

十、焚劫民间财物者斩。

十一、聚众结盟,希图滋事者斩。

十二、造谣生事,惊惶民心,扰乱治安者斩。

十三、奸淫妇女者斩。

十四、冒充军人名义,下乡滋扰者斩。

十五、军人保卫地方,不妥慎者惩治。

十六、警察巡捕盗贼不严密者惩治。

十七、柴米上市,借故乱拉牲畜者惩治。

十八、借公下乡,苛派穷民者惩治。

十九、开场聚赌者罚。

二十、种吸洋烟及私设烟馆者罚。

二十一、误听谣言,闭铺搬货并挈家远徙者罚。

二十二、买卖货物及银钱平色不公者罚。①

这个条律中,第6条以前属维持、安定社会秩序,第7—22条的16条中,有8条"斩"、4条"惩治"、4条"罚"。严厉程度,是很明白的。

滇西军政府宣布实行国民革命,实现人人皆有自由、平等、博爱之精神。而国民大计则是,一要驱除鞑虏,二要恢复中华,三要建设民国,四要平均地权。②

----

①《滇复先事录》第12—13页,见《云南文史资料选辑》第17辑。

②《滇复先事录》第15页。

可见，滇西军政府宣布的政纲，与同盟会的纲领精神是一致的。滇西军政府作为新兴的地方政权是比较完善的，军政府下设有民政司、财政处、厘税处、盐务处、粮赋处、国民军银行、警察局、电信局、济善局、裁判局、军装局、参谋处、外交处等。仰光同盟会和缅甸华侨也派出人员到腾越协助和参与滇西军政府的政权建设。

腾越起义，很快控制了局面，城内外安堵如故。英国驻腾越领事和税务司皆认为："腾中秩序尚整"，因此英国政府在事实上承认了滇西军政府，并有"不干涉民军之约"。[①] 军政府受到城乡各族人民的拥护，也得到开明绅士的支持。缅甸同盟会及仰光华侨人士多次捐款相助，瓦城（曼德勒）贵兴祥捐大洋2万元，仰光鼎新公司捐款数万，瓦城福盛隆捐款数千元，在缅甸的同盟会员寸尊福、李瑞伯、刘玉海等也纷纷携款回国相助。

根据杨振鸿生前制定的"滇西起义，推动全省"革命的方针，张文光决定分兵三路，向永昌（保山）、顺宁（凤庆）、云龙三路出击，计划会师大理，再进军昆明。

辛亥腾越起义，是云南响应辛亥武昌起义最早的地区。它对促进全省的迅速起义和安定团结，对于新兴的云南地方政权的建立，都起了积极的作用，而且直接促成和加速了辛亥昆明起义的进程。

4．革命志士在昆明的精心策划

昆明，作为云南的省会，是云南政治、经济、军事、文化的中心，又是中国西南的边防重镇，地理位置十分重要。而且，早在1909年创建的著名军校云南

---

①曹之骐：《腾越光复纪略》，见《辛亥革命》（六）第234页，上海人民出版社1957年版。

陆军讲武堂，其领导权实际上掌握在革命党人手中，曾任讲武堂监督、总办（校长）的李根源①，不仅是同盟会员，而且是同盟会云南支部长。辛亥革命前夕，这个学堂培养的大量学生，已分配到新军中任职，这批受革命思想熏陶的年轻军官（有的还参加了同盟会）事实上已掌握了云南新军中相当一部分基层权力。

1911年初，蔡锷②调到云南，担任云南新军第19镇（师）第37协协统（旅长），掌握了云南新军相当一部分实权。而这个时期，云南革命党人已经控制了37协的大部分基层指挥权。据统计，在当时第37协、炮标（团）、马标（骑兵团）及机关枪、工程兵、辎重兵各1个营中，共有营长（管带）以上军官18人，其中有同盟会员7人，属革命派5人，倾向革命者3人，三部分人共15人，占83%，

李根源，云南陆军讲武堂总办（校长）。辛亥昆明起义领导人之一，起义后任云南军都督府参议院院长兼军政部总长

---

①李根源（1876—1965），字印泉、雪生，云南腾越人，早年留学日本，加入同盟会，日本陆军士官学校毕业后回国，任云南陆军讲武堂监督、总办。辛亥革命后任云南军政府军政部总长兼参议院院长、国会议员、陕西省长、北洋政府农商长兼署国务总理。抗战时期为云贵监察使。新中国成立后，历任西南军政委员会委员、全国政协委员等。

②蔡锷（1882—1916），原名艮寅，字松坡，湖南邵阳人。早年在长沙时务学堂，与梁启超结交，后留学日本，回国后在江西、湖南、广西、云南军界任职，领导昆明辛亥起义，任云南军政府都督，后调往北京。1915年底返回云南，发动和领导反袁护国战争，立下特殊功勋。1916年11月病逝于日本。

可见，革命势力在云南新军中占有优势。

在革命日益高涨的形势下，云南新军中同盟会员的态度更为激进，活动甚为频繁。全国革命形势和新军中的革命酝酿，明显地影响到了具有正义感和爱国民主思想的蔡锷。据朱德①回忆，他在进入云南陆军讲武堂不到几个星期中，就经人介绍，歃血为盟，加入了同盟会。这以后，朱德多次主动接近蔡锷，而蔡锷虽然允许朱德在他的办公室阅览一些秘密和公开的报刊，却从来不表露自己的意见，也没有说过对清廷不满的意思。在他的讲义中，也不注入革命思想，而只是埋头工作，"过着与人隔绝的生活，冷静、稳健、隐退。"②表现得十分沉静、稳重。

其时，73标3营见习班长、同盟会员黄毓英③非常活跃，一日访问蔡锷，向他叙说了革命在云南酝酿的情况，表示说，如果蔡将军以为是"乱党"，可以把我绑送清廷，我并不怕死；如果蔡将军认为我说的有道理，希望得到支持。蔡锷不得不表态说："时机不到干不得，时机成熟时绝对支持。"④蔡锷的态度终于得以明白表露，让革命党人放了心。正如蔡锷后来回忆说："时锷长三十七协，（黄毓英）初来谒，头角峥嵘，目光四射，大奇之。"他日日："与同人谋革命益切，

---

①朱德（1886—1976），字玉阶，四川仪陇人。1909年从四川来到云南，入云南陆军讲武堂学习，1911年分配到云南新军，参与辛亥云南起义和反袁护国战争，升至少将旅长。1922年离滇赴欧洲加入中国共产党，后来成为伟大的无产阶级革命家，中共、新中国和人民解放军的卓越领导人。

②（美）史沫特莱：《伟大的道路——朱德的生平和时代》第101页，北京三联书店1979年版。

③黄毓英（1885—1912），字子和，云南会泽人。早年留学日本，加入同盟会，回国后在中缅边境一带从事革命活动；1910年至昆明，投入新军，参与策划昆明辛亥起义。云南光复后，参加滇军援川、援黔，于1912年5月遇难身亡。

④詹秉忠、孙天森：《忆蔡锷》，《辛亥革命回忆录》（三）第432页，文史资料出版社1981年版。

尝深夜演说军中，言之发指，各军官多耳目公者。"① 同盟会员的激进态度，从黄毓英表现中可以看出。

此后，作为同盟会员的朱德，充当了蔡锷和同盟会员，新军第37协74标标统（团长）罗佩全②之间的联络员，常到蔡锷处送密件和消息。③ 蔡锷也有意识在37协中各标、营、连、排中安排同盟会员和革命人士任职，加上深受革命思想熏陶的大批讲武堂学生，分到新军中任职，担任下级军官，这就使云南新军士兵多被革命党人掌握，给昆明辛亥起义打下了良好的基础。

1911年8月，四川人民的"保路运动"发展到了高潮。四川各界反对清王朝向帝国主义出卖主权的"铁路国有"政策，在请愿、示威遭到镇压以后，四川人民组成"保路同志会"和"同志军"，拿起武器，奋起向清王朝的血腥镇压，进行反抗斗争。四川人民的武装保路运动，给昆明地区的革命党人以新的鼓舞。川路事起，同盟会机关部通告各地，约期起事，因而革命党人加快了行动的步伐。10月10日武昌起义爆发，全国震动。云南同盟会员和革命人士兴奋异常，准备积极响应。为此，在昆明的云南同盟会员先后举行了五次秘密会议，进行了精心的策划。

第一次秘密会议，是在昆明萧家巷刘存厚④家中举行的，时间是1911年10

---

①蔡锷：《黄武毅公墓志铭》，《云南文史资料选辑》第15辑第89页。

②罗佩全（1878—1922），字熔轩，云南澄江人，早年留学日本，加入同盟会。回国后先后在广西、云南新军中任职，参与辛亥云南起义、护国起义，曾任云南军政府军政部长、民政部长，护国第一军参谋长等职。1922年被害。

③邹之峰口述、邹硕儒整理：《云南辛亥革命中的学生爱国活动》，《云南文史》2011年第1期第50页。

④刘存厚（1885—1960），字积之，四川涪陵人，早年留学日本，加入同盟会，回国后在云南军界任职，参与云南辛亥起义。后回四川军界任职，参与护国战争，任川军师长、军长。1949年后去台湾，任总统府"国策顾问"，1960年病逝。

月 16 日下午 7 时至 11 时。出席会议的除刘存厚外，尚有唐继尧①、殷承瓛②、沈汪度③、张子贞④、黄毓成⑤等人。会议有五项议题：（一）刘存厚报告四川争路之近况，此可为革命之机会。（二）研究革命进行的方法。（三）联络革命必要之人材。（四）同举稳慎周祥可与谋革命之人员如下：甲、本夜出席者勿论；乙、蔡锷、韩凤楼、罗佩金、雷飚、李凤楼、刘云峰、谢汝翼；丙、同议可共事革命之人员如下：李根源、庾恩旸、李鸿祥、黄毓成、邓泰中等。在这次会议中认真分析了当时面临的形势，认为革命形势已经成熟，并商定了联络和共谋革命的人员。这就为发动武装起义作了组织准备。

上述情况，是根据当时会议记录整理的文字。由于第一次会议具有自发性，对某些情况并不熟悉，例如仅将蔡锷、罗佩全、李根源等人列为可与谋或可共事

---

①唐继尧（1883—1927），字莫赓，云南会泽人，早年留学日本，加入同盟会，回国后在云南军中任职，参与云南辛亥起义，不久任贵州都督。1913 年底回任云南都督，参与护国战争，兼护国第三军总司令。后又任护法军政府七总裁之一，云南督军。1927 年"二六"政变后去职，不久病逝。

②殷承瓛（1877—1945），字叔桓，云南陆良人，早年留学日本，加入同盟会，回国后在云南军界任职，参与辛亥起义、护国战争。曾任云南军政府参谋部总长，滇军西征军总司令，护国第三军参议处长等。后退隐，1945 年病逝。

③沈汪度（1872—1915），字石泉，湖南长沙人，早年留学日本，加入同盟会，回国后在云南军界任职，参与云南辛亥起义。辛亥后任云南军政府军务部兵工厂厂长、军务部总长、师长，后被害身亡。

④张子贞（1878—1931），号青圃，云南大理人，早年留学日本，加入同盟会。回国后在云南军界任职，辛亥云南军政府成立后任牒查部长、旅长、师长；参与护国战争，后任将军府参事等职，1931 年病逝。

⑤黄毓成（1883—1958），字斐章，云南镇沅人。早年留学日本，加入同盟会，回国后在云南军界任职，参与云南辛亥、护国起义，曾任团长、旅长，护国挺进军司令，第四军军长。新中国成立后，曾任云南文史研究馆馆长，1958 年病逝。

之革命人员。事实上他们已经在进行了相当的准备和工作，特别是云南同盟会支部长李根源暗中进行的上层活动，与会者显然并不是很清楚的。这就是说，云南昆明的辛亥起义的准备工作，是从多元、多方面同时开展起来的。

第二次秘密会议，仍在刘存厚寓所进行，时间是10月19日上午8时至11时，参加会议的人员有了变化，他们是：蔡锷、唐继尧、刘存厚、罗佩全、雷飚等人。会议有三项议题：（一）联络官兵，期与可靠之官长逐层组织小团体，且与歃血为盟，以坚其信用，而为有把握之举动。（二）预备子弹，以备急需。（三）严守秘密，有泄密者共殛之。这次会议主要讨论了联络新军军官加入起义的方法步骤，以扩大革命力量。

第三次秘密会议，在昆明北门街沈汪度寓所举行，时间是10月22日晚8时至次日凌晨1时。参加会议的人员有：蔡锷、唐继尧、刘存厚、沈汪度、谢汝翼、韩凤楼等人。会议有两项议题：（一）由到会各员报告所部官兵对革命的认识程度如何。甲、刘存厚报告，第就本营而论，以存厚在营日久，与官兵相习，感情甚笃，可有把握；乙、谢汝翼报告，所部炮营亦有把握；丙、韩凤楼报告，所部官长程度太差，尚无把握。（二）本日到会人员不齐，他营情形不得而知。现步、工程既然不一致，宜反激进主义，要锐意经营。这是商议如何更好地工作，不要急于求成。

第四次秘密会议，在刘存厚寓所进行，时间是10月25日下午7时至10时。参加会议的人员有：蔡锷、唐继尧、刘存厚、沈汪度、殷承瓛、张子贞、雷飚等人。根据会议记录，是夜下雨，赴会人员均不带随从，冒雨单人步行至刘存厚寓所。会议有两项议题：（一）歃血为盟。届时刘存厚屏去妻子、婢役，由殷承瓛于白纸上书"协力同心，恢复汉室，有渝此盟，天人共殛"16个大字，书毕，火化调于酒中，分饮以结同心。（二）提议实施革命，同人赞成，唯殷承瓛主张缓办，以对外不足、兵心不一为可虑。但是多数人赞成尽快起义，机不可失，殷承瑊最后表示服从。

在酝酿起义的过程中,推举谁为起义的一把手来领导和指挥起义一事,曾有过争论,但意见很快统一了,使起义的准备工作不因确定领导人有不同意见而受到影响。最初,李根源、罗佩全、殷承瓛等人认为,云南的革命最好由云南人来领导,这样有助于保持云南同盟会支部的领导权和领导地位。而唐继尧、李鸿祥、刘存厚等人则主张,坚持推举蔡锷出来领导起义,认为蔡锷资格较老,是日本陆军士官学校第三期毕业生,而云南的士官生基本上是第六期毕业的;又有才干,在新军中职务较高,权威性大,有助于推动起义的成功。经过一番协商、讨论,李根源、罗佩全等为顾全大局,作了让步,唐继尧、李鸿祥等遂决定在适当时机推举蔡锷为昆明起义的领导人。不过,为了有利工作,后来又补充了李根源为副领导人。

第五次秘密会议,在昆明洪化桥唐继尧寓所举行,时间是10月28日午后7时至次日凌晨3时。参加会议的有:蔡锷、唐继尧、刘存厚、沈汪度、张子贞、李鸿祥、黄毓英、黄永社等人。这是昆明革命党人发动辛亥昆明武装起义的最后一次会议,时间拖得很长,共开了8个小时,决定了立即发动起义的一系列问题,如兵力配置,攻击计划,军事指挥以及起义具体时间等。会议有五项议题:(一)兵力之决定。第37协所属之73、74两标,炮兵第19标。(二)攻击之计划。甲、省城大东门到小西门以北地区,归73标占领,要点是军械局和五华山;乙、省城大东门到小西门以南地区,归74标占领,要点是南城外巡防第二营和第四营、南门城楼、督署、藩库、盐库;丙、炮兵阵地在大小东门及小西门至南门墙一带放列,向督署、五华山、军械局射击;丁、省城北门、小东门、小西门、南门之开启,归住在城内的讲武堂学生专任。(三)临时率兵官之决定。甲、推蔡锷为临时革命总司令;乙、步兵74标第一营临时管带以唐继尧任之;丙、步兵第76标第一营临时管带以李根源任之;丁、步兵73标第二营临时管带以刘祖武任之；戊、炮兵第19标，每营出炮6门，按第一、二、三次序附于第73标第一、二、三营。注意：临时管带系临时去现任之管带，以该员临时承充之谓也。（四）革命实施时日之决定。宣统三年九月初十日午前（即1911年10月30日深夜或10月31日凌晨）。（五）革命口令之规定。甲、口令为"军"（军械局），"总"（总督署）；乙、我军帽上附白带。① 后又补充李根源为起义军临时副总司令。②

五次秘密会议的召开说明，昆明地区革命党人对起义的准备是重视的，起义计划是精心的、周密的，这在辛亥起义各省中是罕见的、独一无二的。昆明响应辛亥武昌起义的准备工作成熟了，而且自始至终没有泄密。

当然，敌人并没有睡觉，他们虽然不知道起义在紧锣密鼓的筹备中，但是不可能不感觉到风声的紧急。因此，以云贵总督李经羲为首的清王朝在云南的一批军政官员，包括第19镇统制（师长）钟麟同、总参议靳云鹏、兵务处总办王振畿等人却力图分化和瓦解以至镇压革命党人。为此，李经羲命陆军小学堂总办、同盟会员李烈钧③为北洋观操员，令其离滇；命罗佩金前往越南接运军火，离开昆明；命李鸿祥④所部之第73标第3营裁并，调防昭通，而要李鸿祥以空头管带

---

①刘存厚：《云南光复阵中日志》，见《云南辛亥革命资料》第30—32页，云南人民出版社1981年版。

②李根源：《记云南起义》，《新编曲石文录》第236页，云南人民出版社1988年版。

③李烈钧（1882—1946），别号协和，江西武宁人。早年留学日本，加入同盟会，回国后在云南军界任职，参加昆明辛亥起义。起义后返回江西，历任安徽、江西都督；在江西反袁，发动"二次革命"；后为护国第二军总司令，再任孙中山广东军政府参谋总长、大本营参谋长，国民党中央执行委员，江西省主席，1946年病逝。

④李鸿祥（1879—1963），字仪廷，云南澄江人。早年留学日本，加入同盟会，回国后在云南军界任职，参与辛亥、护国起义，曾任昆明卫戍司令官、梯团长（旅长）、云南民政长，军长等职。新中国成立后，为云南省人民政府委员等，1963年病逝。

身份到武定、富民等地招募新兵；谢汝翼①则由钟麟同报请撤职。李经羲等人还企图收缴部分新军的武器，另调一部分巡防营到省城防范革命；又在云贵总督衙门和五华山等要地修筑防御工事；甚至准备搜捕革命党人。在昆明，革命与反革命的斗争已处于短兵相接、一触即发的形势之下。

当昆明即将发生巨变的时候，腾越地区先于昆明地区，于10月27日爆发了响应辛亥武昌起义的腾越起义（又称滇西起义），并取得了成功，这就给正在准备的辛亥昆明起义以新的刺激。

---

①谢汝翼（1879—1914），字幼臣，云南玉溪人。早年留学日本，加入同盟会，回国后在云南军中任职，参与昆明辛亥起义，后任梯团长、云南军政府参谋厅厅长、师长等职，1914年遇刺身亡。

二、昆明重九之夜的枪声

1. 巫家坝急促的电话铃声

巫家坝，这是昆明东郊的一个小小的地名，今天是昆明国际机场的所在地，昆明人称之为"巫家坝机场"；而在清末民初，这个地方却是一个驻兵和练兵的场所，称之为"巫家坝兵营"。

1911年10月30日（农历九月初九日，这天被称为重九日，故辛亥昆明起义又称"重九起义"）的傍晚，时任云南新军第19镇（师）第37协协统（相当于旅长）的蔡锷，在巫家坝第37协74标（相当于团）的标本部，召集新军中的革命党人刘存厚、雷飚、刘云峰、庾恩旸、罗佩全、谢汝翼等人，举行紧急会议，落实昆明地区同盟会员、革命党人五次秘密会议的精神，决定于这一天晚上的深夜，响应辛亥武昌起义，举行昆明地区的反清暴动的有关事项。这时的蔡锷，表面上还是清王朝新军的高官，暗地里却已被革命党人推举为昆明地区起义军临时总司令。会上作出了五点决议：

第一，当晚12时，鸣号，传步、炮两标官兵在74标本部前集合，宣布革命宗旨，本夜（次晨）3时发难，反对者用手枪击毙。

第二，午前9时，由炮3营派官长1员、目兵6名，将巫家坝、干海子、归化寺各电话线剪断，并将通往滇南各电话线亦尽行剪断。

第三，由74标2营派兵6名，在关上之西方约200米之桥梁处，由炮3营派兵6名，在双龙桥之东约100米之桥梁处，阻挡报信，断绝交通，有不听阻者，以枪毙之。

第四，由唐继尧带74标1营，附炮标第1营、炮队1营、步队1队（随时准备行动)。

第五,军队区分,另单开列。①

蔡锷即以准备演习为名,下令各队事务长做饭,随时准备让各部就餐,做好最后之准备;又令军需长李和声发给士兵枪、弹,以为实弹演习之准备。随后,唐继尧、李凤楼赶到会场,蔡锷又具体分配了各部队任务:

(一)步兵74标第1营临时管带唐继尧率领所部(附炮兵第1营之6门炮),由南门进攻督署。

(二)步兵74标第3营管带雷飚所部随蔡锷为预备队,位置于城内江南会馆附近。

(三)步兵74标第2营管带刘存厚率所部(附炮兵第2营之炮6门、机关枪8挺)扑灭财神庙之巡防第2、4两营后,占领南城,援助唐营攻督署。

辛亥起义后建立的云南军都督府都督、辛亥昆明重九起义军临时总司令蔡锷

(四)其余之机关枪由李凤楼配布南城外各要隘,以防敌军外来袭击。

(五)行进次序按步、炮兵一、二、三营之次序。

刘存厚等人根据蔡锷的命令,具体安排了本营的活动,向本营发出了作战命令。②

---

①谢幼臣:《光复滇省事略》,《云南辛亥革命资料》第3页,云南人民出版社1981年版。
②刘存厚:《云南光复阵中日志》,《云南辛亥革命资料》第16页,云南人民出版社1981年版。

会议尚在紧张地进行，突然，"嘟、嘟、嘟"急促的电话铃声不断地响着。蔡锷转身拿起话筒，电话中传来焦急的声音："松坡，松坡，是你吗？"

蔡锷已经听出是云贵总督李经羲的声音，随即应声："是，是！"蔡锷与李经羲的关系，非同一般，早在1905年李经羲任广西巡抚时，即由李经羲同意，调任毕业于日本陆军士官学校第三期、回国不久的蔡锷，到广西军界任要职。1911年初，又由已担任云贵总督的李经羲同意，调蔡锷到云南，任新军第19镇第37协协统的要职。1911年10月30日，蔡锷到巫家坝以"视察"新军为名，向李经羲作了报告，因而李经羲知道蔡锷在巫家坝的74标，故打电话来找蔡锷。然而，李经羲并不知道蔡锷已经是革命党人推举的昆明起义军临时总司令。

李经羲接着说："北校场的士兵叛变，已向北门进攻。现在，我命令你，火急，救援！马上率74标官兵进城，镇压叛军，火急，火急呀！"

蔡锷再次说："是，是"放下电话，看看门外，昆明城北部火光甚大，已隐约可听见枪声了。他意识到北校场新军73标的革命党人已经提前行动了，并把刚才李经羲打来电话的内容，转告与会者。所有与会的军官们几乎一齐站了起来，冲出门外，遥望城北，大家不约而同地觉得，必须马上行动，于是异口同声地说："将军，是否马上紧急集合？"

蔡锷说："是，马上紧急集合！"随着紧急集合号声吹响后十来分钟，74标及在巫家坝的炮标官兵们，很快在操场上集合了，黑压压的一大群人，排列整齐，气氛严肃。蔡锷不慌不忙，以稳健的步伐，走上了检阅台，直截了当地宣布革命宗旨，并对作战方略作出了指示。蔡锷以少有的音量大声说道：

"钟统制（指第19镇统制——相当于师长的钟麟同，北洋军人）疑本协（指蔡锷担任协统的第37协）及炮标目兵将作乱，今日已有命令到协，饬我限今夜将枪、炮机柄收缴后再行严加惩办。我辈军人无辜受累。满清专制数百年，纪纲不振，政以贿成，四万万同胞如坐涂炭。现在武昌首义，四处响应，皆欲扫除专制，复我民权，我辈军人何莫非国民一分子？与其被疑缴械，徒手待戮，何如持此利器，同起义军，革命清廷，驱逐汉奸，复我山河，兴我汉室之为愈耶！果能如此，诚汉族之荣、军界之光也。赞诚者举手，三呼'革命军'万岁。"①

于是，步，炮两标的官兵们在操场上差不多一齐举起了双手，然后三呼"革命军万岁"，以示赞成起义。场面热烈，气氛激昂。

革命党人、新军管带（营长）刘存厚在蔡锷讲话之后，又上台发表讲话，进一步解释说："此次革命实系改良政治，增进国民幸福，非种族革命也。吾辈同志不独不分省界，即满清官佐亦当保护，俟大局定后，同享幸福。"这是为打消官兵中满人的顾虑而讲的，大家又鼓掌赞成。

会议结束，蔡锷下令，稍事准备，即出发攻城。蔡锷因有李经羲"镇压叛兵"的指示，乃以"合法"身份，率兵进城，而实质上却是举行反清的革命起义。蔡锷命令，以74标第2营并炮队第1营为第一纵队，目标占领城内制高点五华山，进攻其附近螺蜂街的军械局，夺取武器、弹药；而以炮队第3营占领东、南两城门；又以74标1营等部主力，进攻云贵总督署，以攻取清廷在昆明的首脑机关。到半夜12时余，巫家坝的部队准备妥善，出发完毕。重九之夜昆明的战斗，将是十分激烈的。

2．朱德在火线上临阵提拔

蔡锷早年在长沙的湖南时务学堂，深受维新派志士梁启超、谭嗣同的影响，并与梁启超建立了终身的师生情谊；后留学日本，又受革命党人孙中山、黄兴的影响，参与了革命活动。正如朱德所说，蔡锷虽然不是同盟会员，却是具有爱国

---

①刘存厚：《云南光复阵中日志》，《云南辛亥革命资料》第18页。

民主思想的人。蔡锷于1904年在日本陆军士官学校毕业，取得优异成绩，被称为中国"士官三杰"之一。蔡锷毕业回国后，先后在江西、湖南、广西军界任要职，于1911年来云南，担任新军第19镇第37协协统。

这时，云南陆军讲武堂已于1909年创办，革命党人、同盟会员李根源事实上是云南陆军讲武堂创办时期的灵魂，先后任讲武堂监督（教育长）和总办（校长），把讲武堂办得有声有色，使之成为这一时期中国著名的军校之一。在讲武堂的学员中，有一位后来成为响当当的中国人民解放军总司令、元帅的朱德。

朱德家境贫困，生活艰苦，在帝国主义入侵和封建势力的残酷压榨下，启发了他反抗压迫、追求光明的思想，决心追求新的生活，追求科学与民主。1909年，朱德23岁时，与友人结伴，经过70多天的长途跋涉，从四川来到云南，报考云南陆军讲武堂，虽然遭遇挫折，最终收录入丙班（后来称为讲武堂第3期），再后被选入特别班。朱德进入讲武堂非常高兴，他曾激动地说："这是我寻找多年的地方！我一心一意投入讲武堂的工作和生活，从来没有这样拼命干过，我知道我终于踏上了可以拯救中国于水火的道路。"① 云南讲武堂是朱德军事生涯的起点；朱德在讲武堂学习期间参加了同盟会，这又成为他参加民主革命的起点。讲武堂是朱德显赫军事生涯和革命生涯的关键一步。

朱德在讲武堂学习期间，已经与蔡锷建立了友谊。根据朱德的回忆，蔡锷作为新军高级将领曾在讲武堂讲过课，因而是讲武堂的兼职教官，朱德自然成为蔡锷的学生。课余之际，朱德还常到蔡锷的司令部，阅读报刊，借阅图书，也经常见到蔡锷。从这时起，朱德已引起了蔡锷的注意，只是沉着、稳重的蔡锷，在学生们的面前，不轻易议论政治问题，也没有表示过对清廷不满的意思。

1911年夏天，朱德从云南陆军讲武堂特别班毕业，分配到新军第37协74

---

①朱敏：《我的父亲朱德》第53页，辽宁人民出版社1996年版。

标第2营左队,以见习生资格当副目(相当于副班长),几天以后,担任左队司务长(相当于排级),稍后成了见习排长。

1911年10月30日夜,昆明重九起义爆发。蔡锷在昆明巫家坝召集74标、炮标官兵讲话,宣布"同起义军,革命清廷",响应武昌起义。官兵们三呼"革命军万岁",以示赞同。蔡锷乃下令整队,出发攻城。

正在这时,朱德所在的74标第2营左队队官(相当于连长),不愿意参加起义,遂带领两个排的

朱德,云南陆军讲武堂学员,昆明重九起义时,由新军见习排长提升为连长

人、枪逃走。朱德当机立断,率领自己带领的一排人紧紧追赶,队伍追上了,下掉了两排人的枪支,可是队官却跑掉了。于是,朱德率领该连归队,冲向队伍前面,向蔡锷报告说:"将军,二营左队队官带领两个排逃跑,我带领一排人追赶,包围了他们,追回了部队,但队官逃跑了。"蔡锷立即回答:"那就任命你为队官,指挥该队!"在火线上,蔡锷果断地临阵提拔朱德为队长(连长)。从这时起,朱德与蔡锷建立了亲密的友谊,并视蔡锷为自己的"良师益友"。这样,朱德参加的第一次战斗,就指挥了一个连队进行战斗。

朱德率领这个连队,大显身手。在战斗中,他身先士卒,英勇善战,率队参

加攻打云贵总督署，很快缴了督署卫队的械，为辛亥昆明重九起义立下了战功。①

3．北校场黄毓英打响了第一枪

黄毓英是一位敢想敢干，激进的同盟会员，1910年来到昆明，投入新军，任第19镇37协73标2营第3排排长，异常活跃。他曾冒着危险，迳直晋见沉静、稳重、政治态度并不明朗的蔡锷，蔡锷在黄毓英的激情鼓励下，终于表明了自己支持革命的态度。在争取蔡锷明白表明自己政治态度这一点上，黄毓英功不可没。

北较场，位于昆明城北近郊，这里本来就是驻军军营和训练军队的地方。其时，蔡锷所率37协，下有两个标，即73标、74标。74标驻巫家坝，73标即驻北校场。根据起义军领导人的分工，蔡锷以起义军临时总司令名义，组织和指挥驻巫家坝的74标和炮标起义；而李根源则以起义军临时副司令的名义，组织和指挥驻北校场的73标起义。

李根源在昆明起义前夕，被推举为起义军临时副司令，负责组织北校场73标的起义，同时组织云南陆军讲武堂师生配合、响应和支持起义。

按照起义军的秘密协商，1911年10月30日深夜，昆明起义爆发，由北校场73标的革命士兵打响第一枪；巫家坝的74标、炮兵，随即响应。因此，还在10月30日晚上8时余，北校场73标第3营李鸿祥部排长黄毓英、文鸿逵②等开始派兵抬子弹，擦枪支，做起义之准备，被值日队官（连长）、北洋派的唐元良追究，双方激烈争吵起来。情绪激昂的黄毓英遂打响了第一枪，击毙了唐元良，

---

①中共中央文献研究室编：《朱德年谱》（新编本上册）第22页，中央文献出版社2006年版。

②文鸿逵（1886—1911），字教三，云南富源人，云南陆军讲武堂毕业后在新军中任排长，参与辛亥昆明起义筹划工作。起义中英勇战斗，中弹如蜂窝状，光荣牺牲。他是昆明辛亥重九起义中，英勇献身的代表。

接着革命的士兵们又开枪打死了北洋派的右队官安焕章、督队官（副营长）薛树仁。73标统（团长）、北洋派的丁锦，命其卫队向起义军官兵反击，但不支溃退，丁锦本人趁混乱逃走。于是，昆明辛亥重九起义就比原计划提前了几个小时，由基层发动了起来。

关于昆明辛亥重九起义爆发的具体过程，当事人李鸿祥是这样回忆的："当晚八时半，夜色已经苍茫了，我正在房子里坐着，忽然听见门外一阵人声嘈杂，我听出来是在后天井，便急步走去，原来是排长黄子和（毓英）、王秉钧、文鸿逵派士兵抬子弹，遇见了值日队官唐元良。唐元良追问他们，因而吵起来了。我走上前去把唐元良拉到我的住屋内，告诉他我们今晚上要起义了。他一听'起义'两个字，吓得全身发抖，脸色苍白，紧张得说不出话来，因为他是靳云鹏（新军第19镇总参议，北洋军人）的亲戚，属北洋系，我想争取他参加革命。正和他谈话的时间，忽然听见一声枪响，接着听见喊打的声音，便出门来看，只见右队官安焕章（北洋系）踉跄地向我奔来，口里连喊'救命呀，救命呀'！等他挨到我的身边时，便倒下去了。这时从后面追上来好些兵，手里拿着枪，看着安焕章倒在地上；看出我身后那个人，正是刚才阻止他们搬运子弹的唐元良，一时愤怒起来，便举枪向他射击，砰的一声，唐元良应声倒地；跟着督队官薛树仁也应声倒下去了。我看看表才八点四十分，于是急令号兵吹集合号，并调第一、二营兵出动，齐世杰、成维竣两管带（北洋系）看势不好逃走了。恰好号兵正在我身边，他就吹起号来了，顿时把眼前一片混乱的场面澄清下来，兵士们一个个整整齐齐地站好。我便问明刚才第一声枪响的原因，是安焕章看见兵士开箱取手枪，便用指挥刀打，于是士兵们向他开枪射击。当时我点查营中另外两个反动顽固队官孔昭同、李敬符（皆北洋系），结果他们两人已经趁刚才一阵混乱逃走了。当时就命刘祖武为三营营长、马为麟为二营营长、萧荣昌代理一营营长。正在这时丁锦率领卫队赶来，向空地上的兵士放了一排枪，被射伤两人。我便下令散开，集中火力，向敌人射击。丁锦的卫队不支，他本人见势头不妙，便拔腿逃跑了。我军把丁锦的卫队击溃后，就整队出发。"①

辛亥昆明重九起义就这样爆发了。由于起义时间提前了几个小时，李根源尚未来到城北门外的北校场。北校场73标的起义部队，由李鸿祥、黄毓英等率领，向北门进攻。原来决定，起义开始，即由住在城内的讲武堂师生做内应，打开城门，让起义军进城。但约定时间未到，城门紧闭，起义军战士遂翻越北门城墙，砸开城门，指挥部队入城。此时，李根源赶到，与李鸿祥等指挥起义军分头进攻城内靠近北门的制高点圆通山、五华山以及军械局、造币厂等地，尤其将主力集中于五华山旁螺蜂街之军械局，以求夺取武器、弹药。于是城内炮声隆隆，火光冲天。

4．起义军不怕牺牲，浴血奋战

当北校场起义之际，云贵总督李经羲接到报告说，为首起事的是李根源。李经羲半信半疑说："李根源我待他不薄，想不至如此，且刚才见了我下去。"但形势逼人，李经羲遂给在巫家坝的蔡锷打电话，要他赶紧率兵进城平叛。然而不久，李经羲又接到报告："蔡锷、罗佩全率兵入城，与李根源汇合。"李经羲更为吃惊地说："蔡锷我曾以心腹寄之，决不至此。"良久又说："即使李根源、蔡锷、罗佩全造反，也不会害我。"然而，李经羲毕竟是清廷边疆大员，即下令第19镇统制钟麟同、总参议靳云鹏，指挥巡防军两个营和宪兵营、机关枪队、辎重营等部，抢占高地，疯狂阻击。重九之夜，昆明的战斗十分激烈。起义军官兵英勇战斗，不怕牺牲，在第一次向五华山的进攻中，董鸿勋、马为麟等部，冒着敌人强大的

---

①李鸿祥：《昆明辛亥革命回忆录》，《云南贵州辛亥革命资料》第38—39页，科学出版社1959年版。

火力网，冲上五华山，占据了五华山西头的高地两级师范学校，并始终固守这一阵地，对占着五华山东头武侯祠、劳公祠的敌人进行有力的进攻。李根源指挥73标起义军的另一部，集中进攻军械局。由于敌人防御工事坚固，战斗激烈，相持甚久。

辛亥昆明起义时的临时指挥所
——云南贡院（今云南大学内）

蔡锷所率巫家坝起义军，向城中迅速推进，途中遇到奉命阻击起义军的马标（骑兵团），蔡锷争取其中立，又迫使南门的巡防营归顺起义军。蔡锷所率74标和炮兵从南门进城，与从北门攻入城内的73标相配合，发动了强大的攻势。

唐继尧、刘存厚率领74标第一、二两营，辅以炮标第一、二营，再以李凤楼指挥的机关枪营相配合，向城内连续发动进攻，在南天台（五里多）、南城门等处瓦解和收降了部分敌军后，由东南两面直扑总督署（今胜利堂所在地），将总督署重重包围。蔡锷率领的预备队雷飚第三营入城后，加入进攻五华山、军械局的战斗。起义军的增兵，迫使五华山、军械局敌人阵地逐步收缩，敌人的火力明显减弱。此外，谢汝翼、庾恩旸、刘云峰率领的炮兵，沿东、南城墙列炮布阵，向五华山、军械局、总督署等地零星炮击，威慑敌人。

起义军官兵不怕牺牲，浴血奋战，令人可歌可泣。这里我们试举讲武堂甲班第二期学员、73标所属排长文鸿逵的英勇战斗为例说明。文鸿逵在云南陆军讲武堂毕业后到新军中担任排长，参与了辛亥昆明起义的策划工作。起义前一日，他得知母亲病逝消息，十分悲痛，向第三营营长李鸿祥请假奔丧。在李鸿祥安慰、劝说下，他表示："起义和奔丧都是大事，但起义就在明日，更为急迫，我还是起义后再回家奔丧。如果为国捐躯，在黄泉之下，也无愧于老母了。"次日夜，北校场打响了起义第一枪后，李鸿祥命文鸿逵迅速率队直趋北门。北门紧闭，文鸿逵当机立断，带领士兵首先爬上城墙，杀死守城清兵，砸开城门，起义军一拥而入。文鸿逵带头冲杀，身先士卒，冒着枪林弹雨，从军械局大门侧面栅栏上架梯攀墙，奋勇先登，占据有利地形，掩护进攻，露出半截身子，勇猛射击敌人。但却"被敌人机关枪扫射，胸部中弹如蜂窝状，壮烈牺牲。"① 据统计，文鸿逵"所受枪弹，在万粒以上。"②

又如，讲武堂特别班学员、74标第二营所属排长，起义时升为连长的朱德，身先士卒，英勇善战，率队参加攻打总督署的战斗，很快缴了督署卫队的械，总督李经羲不得不仓皇逃走，藏匿民间，为昆明起义的最后胜利创造了有利条件。起义军下级军官董鸿勋、徐时云、包顺建、何国梁、姚小山、张权等在战斗中负伤，都不下火线，竭力奋战，毫不退缩。讲武堂教官顾品珍③率领讲武堂学员，与敌人骑兵激战于南城门外，奋不顾身与敌肉搏，头部受伤，亦不畏缩。起义军领导人之一李根源，在指挥起义军攻城时，跳战壕扭伤了脚腕，不能行走，由两个士兵扶着，继续指挥战斗。起义军主要领导人蔡锷，一直在前线指挥，直到战斗胜利结束。据蔡锷之子蔡端（曾任全国政协委员）回忆，他父亲曾说，昆明辛亥重九之夜的战斗是相当艰苦的。10月30日打了一整夜，不曾合眼。直到10月31日天明后，战事才逐渐稳定下来，蔡锷与李根源在五华山下的翠湖碰头，松了

---

①孙种因：《重九起义》，《辛亥革命》（六）第146页，上海人民出版社1957年版。

②李鸿祥：《增补辛亥革命回忆录》，《辛亥革命回忆录》第六集，文史资料出版社1981年版。

③顾品珍（1883—1922），字筱斋，云南昆明人，早年留学日本，加入同盟会。回国后在云南军界任职，参与云南辛亥、护国起义，曾任梯团长、师长、驻川滇军军长，1921年返昆，驱逐唐继尧，任滇军总司令、云南省长。1922年唐继尧返滇后遇难。

一口气，两人用翠湖的湖水浇头、洗脸，感到从来没有过的幸福和轻松。

在辛亥昆明重九起义过程中，革命志士牺牲150多人，负伤300多人；敌方死亡200多人，受伤100多人。① 这在辛亥起义各省中是很突出的，所以有学者认为，"云南省城起义，是除首义的湖北以外，独立各省革命党人组织的省城起义中，战斗最激烈、代价也最巨大的一次。"② 对于辛亥起义牺牲的烈士们，昆明民众举行了庞大的沉重的哀悼仪式，发丧之日，灵柩之多，为世所罕见，延长六七里，送葬者达数万人。祝贺军政府成立，敬吊战死者之旗帜，辉煌金碧，掩映昆华。由于辛亥云南省城起义经过比较激烈的战斗，对于旧政权的打击相对彻底一些，这对云南新的地方政权——云南军都督府的建立及其实施的政策，不能不产生相当的影响。

蔡锷设起义军司令部于昆明城内的江南会馆，指挥战斗，战至次日（10月31日）中午，起义军完全拿下五华山，占领总督署，李经羲躲藏了起来；钟麟同在起义军攻上五华山时，开枪自杀，但子弹穿左肋后倒地未死，卫生队将其抬至南城，钟仍斥责士兵作乱，愤怒的士兵即开枪将其击毙；而靳云鹏则自知形势不利，遂化装潜逃。这样，昆明重九起义宣告成功。

重九枪声，开花结果。辛亥昆明重九起义的战斗是可以与武昌起义相媲美的，它在中国辛亥革命史上具有突出的地位。

---

①冯自由：《辛亥云南省城光复实录》，《革命逸史》第六集第221页，中华书局1981年版。

②章开沅、林增平主编：《辛亥革命史》下册第145页，人民出版社1981年版。

三、革命不是为了破坏，而是为了建设

1. 建设云南军政府，蔡锷出任都督

蔡锷曾经明确表示革命的目的，不是为了破坏而破坏，而是为建设而破坏。云南腾越、辛亥昆明起义成功后，全省迅速光复，蔡锷考虑的就是政权建设、经济建设、社会安定和改善民生诸问题，即破坏之后的建设。

还在昆明重九起义成功的当天，即1911年10月31日，蔡锷即以"大汉云南军政府"名义发布告示说："大局已定，举动文明。保我同胞，鸡犬不惊。其各贸易，其各营生。凡我军队，不准扰民。"① 同时与李根源等人联名，致函云南省咨议局，望代表民意，继续工作，以维持局面，维持社会安定。咨议局当即复函，表示对新政权的支持，努力工作。当晚，蔡锷与起义将领唐继尧、刘存厚、殷承瓛等人商议善后工作，主要内容包括，关于成立军都督府（军政府），慰劳起义官兵，查访李经羲下落，以及照会英、法两国驻昆领事宣告云南独立事。其中照会英、法领事文说："云南军民等九月初九日，合力组织民军，光复故土，驱除满清政府官吏。历年专制，一旦扫除，大局底定，人心痛快，业经组织完全新政府。兹有应行照会大英、法两国领事者计七条，开列如左：

（一）贵国官吏人民严守中立。

（二）贵国火车不得代清政府运送军队，并代运军用物。

（三）贵国官吏人民生命财产，本都督承认确实保护，但如违第二条，则此条取消。

---

①《大汉云南军政府告示》，曾业英编《蔡锷集》第315页，湖南人民出版社2008年版。

（四）贵国向与清政府所订条约认有继续效力。

（五）贵国此后有关中国旧云南省一切交涉事件，须直接于本都督府方为有效。

（六）贵领事应咨回本国承认云南独立。

（七）本政府对于贵国有未尽事宜，再随时照会办理。

以上七条均为文明革命，敦睦友邦起见，谅亦贵领事所乐赞者。为此合行照会贵领事，双方各照所列条款施行，本都督府不胜欣慰之至。"①

这个照会不亢不卑，坚持原则，表现了年轻的革命者们的革命气节和民族气节。

辛亥昆明起义后云南军都督府所在地——光复楼（今五华山云南省人民政府办公厅所在地）

11月1日，起义官兵及咨议局有关人士，在昆明五华山两级师范学堂所在地，举行会议，讨论组织了"大中华国云南军都督府"（又称"大汉云南军政府"，简称"云南军政府"），并确定五华山两级师范学堂为军政府所在地。在推举云南军政府都督时，会上出现了两种意见。第一种为少数青年军官认为，同盟会员黄毓英革命意志坚定，活动能力强，而且打响了辛亥昆明起义的第一枪，有重大功绩，可以推举为都督。第二种意见则认为，蔡锷为起义军临时总司令，组

---

①《照会英法国领事文》，曾业英编《蔡锷集》第319页，湖南人民出版社2008年版。

织和领导起义功绩突出，而且原来官阶较高，有相当权威，推举为都督更能服人，对新政权的建设更有号召力。通过讨论，支持蔡锷的人占绝对多数，于是蔡锷被推为云南军政府首任都督。此时蔡锷也很年轻，仅29岁。

云南新政权一成立，即对云南全省所属各地发表声明：云南起义宗旨在铲除专制体制，建设善良国家，使汉族、回族、满族、蒙古族、藏族、彝族、苗族各族结为一体，维持共和。军政府宣布政纲是，定国体为民主共和，建设以联合中国各民族的统一国家，建设次由军政时代进于约法时代，再进而民主宪政时代。同时发布《讨满洲檄文》，同起义军，革命清廷，重申了同盟会的14字纲领：驱逐鞑虏，恢复中华，建立民国，平均地权。军政府的旗帜是相当鲜明的。

同时，发布了《严禁将士肆入民宅搜索骚扰告示》，提出了严格的纪律要求。凡"未奉命令，肆入民居官宅，搜索骚然，擅取官民财物，损辱官民身体者，一经报告审实，立杀不赦。本管长官有擅发此项命令及约束不严，纵兵骚扰者，一律军法从事。"① 这个告示要求甚严，执行也是坚决的。据辛亥云南军政府财政司长袁家普后来回忆，辛亥以后的云南社会秩序甚为安定。他说："云南自辛亥重阳首义以后，从未添招新兵，迨援川、援黔归来，皆令其退伍。纪律甚严，未曾有一乱暴之事。曾有一兵戏放手枪一响，即罚徒刑两年，故余在滇前后三年，未尝闻过枪声。尤可怪者，蔡公都督任内，全省土匪为之绝迹。虽其威望足以服人心，亦士卒用命，军队之配布咸宜，有以致之。"真是奇迹。②

军政府刚刚成立时，置一院（参议院，由咨议局转化而来），三部（参谋、军务、军政部）。以李根源为军政部总长兼参议院院长，殷承瓛为参谋部总长，以韩国饶为军务部总长。1912年5月，军政府所属之一院三部，改为一院（参议

---

① 《严禁将士肆入民宅搜索骚扰告示》，曾业英编《蔡锷集》第346页。
② 袁家普：《蔡公遗事》，曾业英编《蔡锷集》第1531页。

云南军都督府颁发
的辛亥护滇纪念章

云南军都督府颁发的
辛亥云南从军纪念章

云南军都督府颁发的
辛亥滇军援川纪念章

云南军都督府颁发的
辛亥滇军援黔纪念章

院)、二厅(政务、参谋厅)、一司(军务司)。省以下,旧设迤东,迤西、迤南、临开广道,现裁迤东道,保留迤西、迤南,临开广道,改称观察使,添设滇中观察使。道以下为县,设县知事治理。

辛亥云南军政府作为新兴的资产阶级的省一级地方政权机关,其组织是比较完备的,政策也较符合人心,因而社会秩序较为稳定。曾追随蔡锷的军事学家蒋百里回忆说：云南"辛亥之役，匕鬯不惊，而定大业，时天下纷纷，或苦兵，或苦匪，或苦饷，而滇中宴然。"蔡锷"治滇，英、法人尤敬畏之。滇师之初起，越督贻书于政府曰：是非姑勿论，若蔡公者，余衷心钦其为人。英人有教学于北京者，高举其拇指以告生徒曰：若蔡公者，当今第一。"①

云南新政府成立以后，没有发生过大的乱子，也没有出现过"政变"之类的事件。军政府内部机构的变化、官员的更迭，都是通过正常的手续，或由会议决定，或由军政府和有关部门任命。应该说，在响应辛亥武昌起义的各省新的地方政权中，云南军政府建设是比较完善的，也是较有权威的。

2．礼送李经羲，礼遇满族官员

在云南辛亥革命史上，起义军领导人和新生的云南地方政权，曾采取了若干大胆的、出人意料的措施和行动，因而曾引起一些争论或批评。然而，在从历史长远的发展来看，这些曾经引起争论和批评的措施或行动，却是值得深思的。这其中就包括蔡锷、李根源礼送云贵总督李经羲，礼遇满族官、云南楚雄知府崇谦在内。蔡锷、李根源对李经羲、崇谦的礼送和礼遇，叙述、说明如下。

李经羲②自1909年起，任云贵总督。他在云贵总督任期内，相对而言，有一定政声，劣迹较少，而且与北洋军人还有一些矛盾，对19镇统制钟麟同、总参议靳云鹏并不满意，所以将蔡锷从广西调来云南，委以重任，以牵制钟麟同等人。

---

①蒋百里：《蔡公行状略》，曾业英编《蔡锷集》第1523—1524页。

②李经羲（1858—1925），字仲仙，安徽合肥人，是清末重臣李鸿章的侄儿（李鸿章二弟李鹤章之子）。优贡出生，曾任知县、道尹，湖南盐粮道、按察使，福建布政使，云南布政使、广西巡抚，云贵总督。辛亥革命以后，曾任北京政府政治会议议长，袁世凯复辟帝制时被封为"嵩山四友"之一，1917年一度任北京政府国务总理兼财政总长。1925年病逝于上海。

平时，对蔡锷、李根源还比较信任。但是，他毕竟是忠于清王朝的边疆大吏，在维护清王朝统治方面是卖力的。辛亥昆明重九起义爆发后，他又与钟麟同、靳云鹏等一道，指挥巡防营等部镇压起义军，所以重九之夜的战斗相当激烈，双方伤亡都比较大。最后钟麟同被打死，靳云鹏化装逃走，李经羲躲藏起来，昆明重九起义取得了胜利。

李经羲在重九之夜，当云贵总督衙门即将攻破时，从衙门院内凿墙逃走，藏于手下亲信萧巡捕家中。朱德作为起义军的一个队长（连长），按照蔡锷一定要活捉李经羲、而不能把他打死的指示，立即带领一些士兵清查和追击，最后终于在一个姓萧的巡捕家找到了李经羲。朱德见到李经羲，对他软硬兼施地劝说，在朱德微笑的枪口下，李经羲答应给迤东镇台夏豹伯、迤南蒙自关道尹龚心湛写信，要他们支持起义军，还签署了云南境内清军全部武装投降的命令。朱德然后向蔡锷作了汇报，鉴于李经羲的表现，建议将李经羲礼送出境。

蔡锷、李根源见到李经羲以后，对他非常尊重和礼貌，并劝他参加辛亥云南起义，参加新政权工作。李经羲颇感为难地说，我的地位不宜。李经羲在考虑一段时间后，给蔡、李写了一封信，相约三事：（一）士可杀不可辱；（二）保护其眷属为原籍；（三）愿为之尽力办事，但不参加云南的新政权工作。① 蔡、李以归属之故，对李始终礼遇不变，最后同意朱德的建议，"将其礼送出境"。② 为此，同意提取李经羲在同庆丰所存银四万余两送还，又另送五千两银作为全眷之车费。在送李经羲至昆明火车站的途中，蔡锷和李根源左右扶持，给人以很深的印象。经过河口去越南时，李经羲又未经云南军政府许可，于副督办处提取公款三千元，

---

① 冯自由：《辛亥云南省城光复实录》，《革命逸史》第六集第220—221页，中华书局1981年版。

② 李根源：《辛亥革命前后十年杂忆》，《新编曲石文录》第389页，云南人民出版社1988年版。

扬长而去。① 对此，蔡、李亦未追究。

礼送李经羲一事，后人指责蔡锷、李根源较多。然而，从长远看，此事对稳定人心、安定社会却是有作用的。所以朱德在《辛亥革命杂咏》诗中写道："生擒总督李经羲，丧失人心莫敢支。只要投降即免死，出滇礼送亦宜之。"而且，李经羲经此事变的教育，历史证明，他后来还是遵守诺言，多少"愿为之尽力办事"的。例如，在袁世凯复辟帝制时期，把李经羲的地位抬得很高，尊为"嵩山四友"之一，然而李经羲对袁氏帝制复辟仍不买账。

礼送李经羲的同时，云南军政府对抓住的一批清王朝官员，皆免处死而且全部释放。例如有一定劣迹的提学使叶尔凯被俘，门牙被打掉三颗，愤怒的官兵们准备将他枪决。李根源获悉后，立即下令："解军府以待惩处"，实际上以此保全其性命，后来亦将其送出云南。讲武堂教官顾品珍反对无条件释放叶尔凯，李根源解释说："当此义军初起，人心惶恐，宜不念旧恶，准其自新，方是军政府正大光明之态度，杀叶一人何益？"② 李根源、蔡锷正是本着"不念旧恶"、"准其自新"的正大光明之态度，来对待李经羲、叶尔凯一类人士。这不能不有相当宽广的胸襟，在"人心惶恐"之际，不能不起到安定人心的作用。

崇谦③在辛亥前已担任云南楚雄知府，有一定政声，且是能诗、能文的学者，著述较丰。1911年10月27、30日，云南腾越、昆明响应武昌起义，建立了滇

---

① 冯自由：《辛亥云南省城光复实录》，《革命逸史》第六集第220—221页，中华书局1981年版。
② 李根源：《雪生年录》卷一第21页，上海铅印，1930年版。
③ 崇谦（1886—1935），满族，字仲益，正红旗满洲人，科举出身。1922年来云南，先后任云南南安州知州、通海知县、东川知府、厘金局代理总办、盐井渡厘井督办、楚雄知府，晚清在云南为官十年，是满族政治家兼学者。辛亥革命时被委以楚雄自治局名誉总理，1912年返回北方，1935年病逝天津。

西军政府和云南军政府。面对辛亥云南起义及云南新政权的建立,作为满族人,在云南为官十年的崇谦,相当困惑和恐惧,不知所措。当他听说,昆明起义后,原云贵总督李经羲不知下落时,"闻之涕零",当听说"排满"之声时,更是"不胜焦灼",不知怎么办为好,甚至表示"倘为世所不容","将全家同殉而已,伤哉。"

当时,在云南任知府的满族人有三,一是顺宁知府琦璘,二为广南知府桂福,三即楚雄知府崇谦。在辛亥起义的混乱过程中,顺宁知府琦璘被人杀害。崇谦闻之,更为紧张,深感"兔死狐悲"。

1911年12月,李根源被任命为滇西第二师师长兼迤西国民军总司令,奉命赴大理、腾越处理滇西问题。李根源途经楚雄时,崇谦同楚雄众绅士前往东门外迎接。李根源当面肯定了崇谦在楚雄有政声,新政府是尊重的。但崇谦回到府署中,见有军人出入,又感不安,乃决定远避。他与众绅痛哭而别,逃往乡间,提心吊胆,不知所措,艰难度日。李根源获悉崇谦胆怯躲避,乃派人劝其回到楚雄城,表示将尽力保护。崇谦不得已回到楚雄城后,李根源立即接见、安慰,说崇谦在楚雄有"声名美政",并发文指出:此次革命,反清但不反满,"拨乱反正,实以扫除专制,改造民国为职志。此固政治之革命,不杂种族之问题,举凡汉回满蒙藏,以逮沿边苗夷诸族,其生息于中国者,皆中国人。方当共同组织,以建立我中国统一民族国家。"查楚雄知府崇谦,"虽出满洲,久官滇土,起家牧令,所主有声。迨守楚雄,尤多美政,绅耆黎庶,翕然称之。此在汉族之中,犹不数觏。"廉洁自守,民多受惠,为楚雄地区群众、士绅所公认。为此,特予表彰,请地方当局送公地一块安居,给奖银500元,加入楚雄籍,并委以楚雄自治局"名誉总理"。崇谦深感意外,唯恐有诈,乃下跪请求推辞。但李根源继续安慰,表示我们反清并不反满,建议崇谦改姓"黄",叫"黄宗谦","取同系黄种之义"。①崇谦这才安下心事,协助楚雄新政府维持治安,稳定社会秩序,做出了自己的贡献。

楚雄社会秩序安定后,崇谦移居昆明,仍享有较高荣誉。1912年底,崇谦请求回北方故居,获云南军政府认可。崇谦乃回到北方,安度晚年,并从事实业活动,于1935年病逝于天津,享年69岁。

安抚、礼遇崇谦等满族官员,对于辛亥起义后安定云南社会秩序,同样是有益的。辛亥云南军政府反清但不反满,宽容和奖励在云南有政声的满人官员,值得回味,这不仅在云南辛亥革命史上,而且在中国辛亥革命史上也是值得一书的。

3. 微服出访,编制五年建设大纲

1911年底,蔡锷担任云南都督,成了一省之长后,逐渐意识到,要稳定社会秩序,就必须迅速恢复和发展生产,改善人民生活,使人民安居乐业。而作为经济比较落后,财政赤字庞大的云南,该从哪里着手呢?蔡锷有从军和军事训练的经验,却还没有从政的经验,想来想去,还是先从历史上"清官"的道路——微服出访,体察民情,调查研究,然后制订切实可行的改革措施。

冬天的一个傍晚,蔡锷脱下了军装,换上了一套蓝布长衫,脚上穿着一双土布粗鞋,而且鞋尖的前沿已经破损,不带任何随从,走出了五华山都督府的大门,悠哉游哉地向大街走去。蔡锷到商店走一走,看一看,与售货员交谈一阵;又转到大街,听听人们的街谈巷议,还主动与几位老者攀谈生活、物价和市场供应情况。这时的昆明,城区人口约10万左右,街道狭窄,房屋陈旧,物资贫乏,食品单调,人民生活还很不令人满意。人们因推翻清王朝的统治而欢欣鼓舞,但又对

---

①崇谦:《宦滇日记》四十八卷,手稿藏云南省图书馆历史文献部。

当前的生活困难而忧愁焦心。这一切都留在蔡锷的脑海里,走着走着,逐渐形成了一些想法,仅仅推翻清王朝的旧政权是不够的,云南需要改革,社会需要安定,生产需要发展,财政需要平衡,人民生活需要改善。只有这样人民群众才会从心眼里支持新生的革命政权,新政权也才能逐步巩固。

不知不觉,夜已深了,街道上的行人少了,蔡锷这才想到自己也该回都督府了。蔡锷漫步来到五华山都督府前门的大门口,正准备进入大门时,大门岗亭的卫兵大吼一声"证件!"

蔡锷没有穿军衣,也没有带任何证件,而卫兵是刚换来不久的士兵,不认识蔡锷。蔡锷犹豫了一下,不便作任何解释,一声不吭地退走了。他想转到五华山都督府的后门,也许不会这样为难。

蔡锷沿着华山南路、青云街,走到了五华山都督府的后门,后门的卫兵也不认识蔡锷,加上夜又深了,还是要证件。蔡锷很为难,又觉得不便说明自己的真实身份,遂对士兵说:"请通报,我要会见都督夫人。"他的意思是,要找自己的老婆来解围。但是卫兵无法理解,又问他是什么人,蔡锷仍然没有明说。于是,卫兵对这个衣冠不整,其貌不扬的年轻人顿起疑心,忍不住提起手来,"啪,啪!"甩了蔡锷两耳光。

响声惊动了在传达室里的一个年轻参谋。参谋赶忙出来看发生了什么事,不看则已,一看就慌了手脚,怎么,卫兵打了蔡都督?他赶忙上前,喊了一声"都督!"蔡锷虽然脸色不好看,但并未生气,也未说什么话。参谋把蔡锷扶进都督府后,忙向蔡锷致歉和解释。蔡锷打断了他的话说:"好吧,和我到办公室去一下。"

参谋丈二和尚摸不着头脑,跟着蔡锷进了都督办公室,开了灯。蔡锷到办公桌旁找来一张便笺,写了手令。参谋站在旁边吓呆了,不知如何是好。蔡锷把手令写好后,交给参谋,又说了一句话:"照命令马上执行。"参谋战战兢兢地看完了手令,一块石头落了地,忍不住笑了一声:"是!"

原来,蔡锷的手令说,特提拔后门卫兵为排长,立即执行。可是,当参谋拿着手令到后门时,卫兵不见了,只有一支步枪放在后门岗亭内。参谋与蔡锷进门时,卫兵知道自己打错了都督两耳光,心里非常害怕,无可奈何,只好放下步枪,悄悄地逃走了。

后门卫兵虽然没有当上排长,然而这段佳话却留传了下来。①

蔡锷不仅微服出访,而且对都督府内的工作人员、咨议局(后为参议院)的议员们也经常访问,了解情况,施政能够做到心中有数。据云南大学历史系教授李埏与笔者交谈说,我听父亲讲过一个故事,可以了解蔡锷的为人和作风。他说,我的父亲是云南路南(今石林)县人。清末,清政府实行改革,各省搞起了咨议局来了,云南也成立了咨议局。每一个县推荐一名咨议员到省咨议局,路南县就推荐了我父亲为省咨议员。没有多久,辛亥革命爆发了,云南也响应了起义,推翻了清王朝在云南的统治,建立了以蔡锷为首的云南军政府。云南军政府成立后,咨议局改为参议院,咨议员也成了参议员。

以蔡锷为首的辛亥云南军政府要推行一系列改革措施,需要借助参议院的推动。然而参议院直接由咨议局转化而来,这些人中相当一部分是清朝遗老,年纪偏大,思想陈旧。蔡锷决定一方面征求参议员们对云南改革的意见,另一方面对参议院作必要的调整,增加一些"新鲜血液",以利于促进云南的改革事业。为了做好这一工作,蔡锷分期分批找每一个参议员进行个别谈话,说明情况,征求意见。一天,蔡锷约李埏的父亲到都督府办公楼谈话。这次谈话进行了半小时左右,蔡锷主要讲述为什么要推翻清王朝的道理,就是清王朝太腐败了。今天建立

---

① 作者20世纪80年代,访问云南大学法律系李德家教授的记录。李德家系唐继尧妹夫,又是民初滇军旅长李修家之弟,对民初奇闻轶事较熟悉。

新政府，就是要铲除腐败，建设富强国家。而要建设富强国家，就需要进行必要的改革。云南要发展，省参议院要发挥作用。为此，蔡锷征求了李埏父亲的意见。谈话结束以后，蔡锷送李埏父亲出大楼，扶下台阶，才转身回办公室去。

其时在大楼门外的人，见到李埏父亲后问他："见到蔡都督了吗？"

回答说："刚才送我出来的，不就是蔡都督吗？怎么会没有见到呢！"

问话的人"啊"了一声说："我看他不像都督嘛，怎么穿的是一身旧衣服，布鞋的后跟处也烂了。"

李埏说，这就是蔡锷。①

蔡锷在经过一番调查研究以后认为，一切政务，非统筹全局以定缓急轻重之序，非严立规章断难免始勤终怠之虞。于是，通知各有关单位，根据自身的力量和办事之轻重缓急，编制云南省五年政治大纲，由秘书处综合平衡。这个五年政治大纲，实际上是五年建设大纲，类似五年建设计划。它以"政治"为名，却包括政治、经济、文教、军事等方面的内容。这是有文字可查的，云南历史上的第一个五年建设计划。各单位以各自管理的范围为项目，作为计划的内容。建设计划初步拟订后，蔡锷又下令编制办事章程及完成计划的时限表，由主管长官督励所属，按期进行。凡行政事务有应依据规章者，当中央法令未颁布以前，由本省编订暂行章程数十种，以便遵行。

为了认真研究和切实贯彻建设计划、改革措施及有关政令，云南军政府设置了政务会议，订于每周星期三照例举行。除星期三例会外，特殊情况尚可临时召集。自都督以及省内各机关、省参议院等皆举派代表参加会议，共同研究、讨论。凡本省一切重大事件，经会议讨论决定之事项，由都督下令各机关单位执行，限期办理。这样，除了少数决议事项因经费所限，未能完全实现以外，大多已遵照

---

①2000年夏，笔者与云南大学历史系教授李埏的谈话记录。

决议办理。这样，如军政府秘书长周钟岳①所说："前清官吏敷衍因循之习，廓除殆尽矣。"②

现在，我们在云南省图书馆历史文献部所藏资料中，尚能看到辛亥云南军政府政务会议部分原始记录，时间从1912年4月20日到6月5日。原始记录，尽管是速记稿，但字迹清楚，讨论和议决的事项一目了然。而且，每次记录完之后，蔡锷还对记录稿进行了审读，少数作了修订或批语，加盖蔡锷印鉴。记录稿反映了从4月到6月一个半月内政务会议的基本情况。在这一个半月内，政务会议讨论了一系列重大施政方针，如五年政纲、军政府预算案、各级官员的任免、军政府机关编制和改革、对外借款、财政税收、实业、教育、警察、裁兵、减薪以及援川、黔、藏等问题，也包括了一些具体问题，如公文格式、办公时间等内容。③

由于建立了一系列规章制度，经常举行政务会议研究解决问题的办法，监督施行，使云南军政府面貌一新，办事效率大为提高，有力地推动了改革工作的进展。

4．改革人事制度，不允许走后门

军政府的改革，从改革人事制度入手，官员（公务员）的任用，必须通过正常的渠道，不允许任何人以"走后门"的方式进入官员队伍。在这一点上，蔡锷

---

①周钟岳（1876—1955），字生甫，号惺庵，云南剑川人，白族。早年留学日本，回国在云南文教界任职，辛亥后任云南军政府秘书长、教育司长；后又任靖国联军秘书长、省长；1939年后，任国民政府内政部长，考试院副院长。新中国成立后，为云南文史馆馆员，全国政协委员等，1955年病逝。

②周钟岳：《云南光复纪要》，《云南贵州辛亥革命资料》第49页，科学出版社1959年版。

③《政务会议记录》，《云南辛亥革命资料》第37—49页，云南人民出版社1981年版。

带了很好的头。

蔡锷出生在湖南宝庆（邵阳）农村，可以记忆的长辈，都是土生土长的农民。当蔡锷在辛亥革命时期担任云南都督、一省之长这样大官的消息，传到蔡锷家乡时，乡亲们很高兴，也很兴奋。高兴之余，就想做点什么事。蔡锷有两个弟弟，一个叫蔡钟，比蔡锷小4岁，这时已25岁了；另一个叫蔡铄，这时也19岁了，都在农村当农民，从事繁重的体力劳动。两兄弟听说大哥当了云南都督，高兴得很，决定老二（蔡钟）先去看看大哥，试探一下能不能谋一个工作，找一官半职，然后老三（蔡铄）再决定是否去云南。

蔡钟征得母亲的同意，带上两件换洗衣服就上路了。家里没有钱，只好步行，经过半个多月的艰辛旅程，终于来到了昆明。这时已是1912年初了，蔡锷见到二弟已长大成人，当然非常高兴，热情招待他在家里吃住，派人陪他参观、游览，看看昆明地区名胜古迹和风景区。几天过去了，旅途的疲劳已经消失，昆明附近的风景区也大多浏览了，蔡钟却没有打算离开昆明返家的表示。蔡锷从交谈中获知，弟弟是想来这里找一个工作的。

在民国初年的云南，百废待兴，作为一省之长的蔡锷，要给弟弟找一个工作，或者弄个一官半职，实在是很容易的。然而，蔡锷却认为，这样做有"安插亲信"的嫌疑，对于云南的改革和建设，对于今后云南的工作，有诸多的不利，因此下决心关闭、堵塞这种"后门"。

一天吃完晚饭后，蔡锷与弟弟谈心说，你想在云南找工作，当然很好。不过，我作为一省之长，实在有难言的苦衷，不好为自己的亲属开这个口，把你安排到什么地方去干事。我看，母亲年纪大了，家里需要人照顾；老三年纪还是小了一点，是不是还是回家好一点呢？

蔡钟一言不发，生着闷气。

蔡锷却寸步不让，僵持了好一阵。蔡锷最后说，就这样吧，我给你20块钱，还是走路回去吧,走着回去也很好嘛!几天以后,蔡钟又徒步走上了回湖南老家的道路。①

后来,曾任过云南军政府财政司司长的袁家普回到湖南,仍在财政司工作,1916年欲安排蔡钟为财政司下属的湖南铜元局局长职务。蔡锷此时在四川病重,即将去日本就医,仍不忘此事,急电袁家普说,其弟"不宜令长铜元局,恐年少,有误公事。"② 于是,湖南铜元局长,蔡钟也没当成。

正因为蔡锷在人事上不允许走后门,带了个很好的头,起了很好的作用。这时,云南军政府从都督到各部、司、局的主要负责人,基本上都是同盟会员或同情革命的德才兼备之士,相当一部分人直接参与了辛亥武装起义。同时撤换了一批贪污腐败、缺德无才的县知事和地方官员,军队中也使用了一批新人,一批年轻军官,使军政府和军队的面貌一新。

其时,人民群众喁喁望治,盼望欣欣向荣,政治清明,社会安定,不断有人上条陈言政治、经济、司法等方面应兴应革事项,或请投效任事的,纷至沓来。为了适应和选择投效任事人员的需要,军政府在1912年初,在昆明卖线街特别设立甄录处,以刘锐恒、袁玉锡为正、副处长,将这些条陈和投效的文件,甄别审查后,报请核定,对于条陈可行的事,当予采用;对于投效的人,可用者当予录用。于是,每天都有不少人拿着自己的履历、资料,前去谒见,使甄录处接待室座无虚席,分班轮流——谒见。但因人员较多,对投效人的材料一时难以验明真实程度,短期内很难处理,因而不得不改变工作方式,对投效的人改为考试方式录取。

1912年3月,军政府发布《试验文官暂行规则》。规则分为录用高等文官和

---

① 周钟岳:《惺庵尺牍》,未刊,藏云南省图书馆历史文献部。
② 袁家普:《蔡公遗事》,曾业英编:《蔡锷集》第1533页。

普通文官两种。凡受验人必须具备下列资格：年满25岁以上男性；未犯过刑事重罪及剥夺停止公权者；未受破产之宣布者，身家清白者，现未吸食鸦片者。这是两种文官录取的基本资格。

报考高等文官的还须有下列资格之一：(1) 在国内外中学或相当学校毕业，曾入大学或专门学校有5年以上之程度者；(2) 在中外法政学堂高等专门毕业者；(3) 中外速成法政一年以上毕业，曾任教员或地方公益三年以上著有成绩者；(4) 旧时七品以上官员有政声无劣迹者。

报考普通文官亦须有下列资格之一项：(1) 在中外中学及相当学校毕业者；(2) 在自治研究所毕业，曾办地方公益素有经验者；(3) 旧官吏七品以下有政声无劣迹者；(4) 在旧衙署办公无劣迹者。

受验人（即报考人）报名时须具履历及保证书、相片、凭证等件，送自旧咨议局内文官试验办事处报名，索取收证，听候受验人名榜揭示后，凡准受验的即凭收证入场受验，不准受验的即凭收证退还履历、相片等物。

试验分为笔试和口试两类，笔试三天，口试一天，在云南陆军讲武堂内进行。第一天高等文官考5科，普通文官考2科；第二、三天高等文官考8科，普通文官考4科。考试时间为每日上午8时至下午3时。中午供应午餐、茶水。第四天进口试。考试计分完毕，在军政府大门外揭榜。各科平均80分以上者为甲等补官，60分以上者为乙等补官，两种文官录取都是这个分数线。

录取发榜的第三天，被录取人齐集军政府内，依次站立。都督蔡锷亲临主持会议，逐一点名发给凭照。然后蔡锷讲话，凡考取的将按榜列次序逐步任用，不许请人说情，一律秉公办事。蔡锷谆谆告诫，以后须将前清官吏一切贪赃枉法、营私舞弊、捧上虐下、养尊处优、非刑逼供等腐败恶习，彻底改革干净，方合革命宗旨。希望大家对都督府及各司的命令都要一律照办，不许歧视。

据录取为普通文官的李子辉回忆，蔡锷在讲话时，有一人由袖间取出扇子遮蔽阳光。蔡锷很不以为然,当面训诫此人精神如此颓唐,何能做出事业,应当随时锻炼精神,安能忍苦耐劳,他日才能担当大事。蔡锷最后强调,切莫吸食鸦片,莫用有烟瘾有恶习的师爷(幕僚)。

这次云南军政府的文官考试,以及蔡锷的训诫讲话,在云南各界中反映甚好,对革新云南吏治起了很好的作用。事后,军政府没有收到被人指责的条陈,这也证明了蔡锷荡涤瑕秽、不开后门的精神,公正严明的作风,给新政府塑造了很好的形象。①

5. 开源节流,蔡锷两次带头减薪

关于财政方面的改革,主要是整理财源,节俭支出,即开源节流。云南系边远省份,生产比较落后,财政历来是入不敷出的,有时支出竟超过收入的一倍以上。在清代末年,云南岁入不过300余万两,而岁出则需600余万两,相差一半。那时,除中央财政补助和四川、湖南、广东等省接济共160多万两外,还差100余万两,财政相当困难,几乎陷于绝境。

云南辛亥起义后,全省迅速光复,秩序亦比较好,省库财政基本上没有受到损失。然而,全国局势混乱,中央拨款和邻省接济都已停止,加上辛亥起义后滇军又出兵四川、贵州和西藏,军事支出浩繁,因而新政府面临的财政困难是相当严重的。

怎么办?蔡锷决心对财政实行改革,关键是增开财源,节俭支出。首先,整顿厘税,剔除陋规,使厘税收入点滴归公。其次,开设富滇银行,并设分行于下关、昭通、个旧等处,基金充足,纸币流通有了保障,财政信用提高,从而稳定了物价,安定了社会。再次,检查会计,设会计检查厅,凡预算决算皆由财政司

---

①李子辉:《蔡锷治滇的几点事实》,《云南文史资料选辑》第58辑第101—104页。

编制，而用款适当与否必经会计检查厅之检查。此外，还有裁撤浮冗机关，举办救国公绩，遣散军队，以及节俭俸给等。这样，不仅增加了财政收入，而且每年可节省政费50余万元（两）。云南财政情况逐渐改观。

蔡锷采取的开源节流措施中，要特别提及的是，他两次带头减薪。第一次是1912年1月，蔡锷给省内各地军政长官的电报中说："云南夙称瘠壤，政费所出多受协济。近因各省举义，协饷遂停，财源顿固。吾滇自反正以来，整理内治，扩张军备，经费骤增，入不敷出，深恐财政支绌，不足以促政治之进，则维有约我同人，酌减薪俸，以期略纾民困，渐裕饷僚。"同时发出布告说："滇中反正，得诸君同心戮力，共济艰难，本应须厚糈以酬劳绩，维诸君夙明大义，共体时艰，即前日举义与现在奉公，原以求群众之幸福，而非个人之荣利，此次减薪办法谅无不乐赞其成也。"[1]

这次减薪办法规定，都督原月薪为600两（元），减80%，只发120元；以下依职务高低逐步减薪，分别减少70%、60%、50%、30%、20%。唯目兵和工匠不减，照章支发。

5个月后的1912年6月，蔡锷又第二次带头减薪，发布命令说，本省公务员薪俸前已减成发给，最多不过120元。现因国事多艰，只得再加裁减，凡政军学警各界，除分认爱国公债外，其原薪60元以上者，均减为60元，以下依次递减，惟目兵、工匠仍不减少。这就是说，一省之长的都督，经过两次减薪，月俸由600元减为60元，仅为原薪之10%。结果，云南都督的月薪仅与一个营长的月薪相等。此时都督月薪之微，举国未有如云南省也。朱德回忆这时期的云南说："当时从蔡松坡先生起，每人月薪都是60元，廉洁成为一时风尚。"

---

[1]《军都督府酌定减薪办法并发薪等级成数表通饬一体遵照文》，《云南政治公报》第1期第1—2页，1912年2月印刷。

蔡锷对节流问题还作了若干具体规定，例如不得侵吞缺额饷银，不得请客送礼，不得受贿和侵吞公款，兼差人员不得兼薪，不得挪用教育经费，非星期天不得请客等。以后公务员有于休沐日以外，延宾宴会者，由各该长官认真纠举，并由巡警局严查密报核处，以为玩视功令、征逐酒食者戒。而且，即使星期日宴客，一席之费，不得超过5元，违者即罚。据记载，云南警察厅长为了宴请邻省来访之警察厅长，非星期日宴客，同时给蔡锷送去请帖，请其首座作陪。蔡锷即在其请帖上批道："违背功令，罚薪半月"① 闻者莫不诧异。这件事以后，在蔡锷当政期间，再没有公务员敢于在非星期日宴客了。

辛亥云南起义后，由于云南全省安定，加上蔡锷采取了一些措施，开源节流，使得民国元年（1912年）云南的财政，在没有中央和邻省协济的条件下，不仅没有发生赤字，反而节余近20万元滇币。更有甚者，这一年，云南还主动接济贵州5万元，又向北京中央政府提供了20万元的资助。蔡锷在一个电报中说："顷接财政部熊总长电，库空如洗，束手无策云云。各省宁肯坐视，致陷政府于破产之地位，设因政府竭蹶，遂蹈危机，各省岂能独存！"说得多可怜，中央政府已经处于拯端困难的境地。为此，蔡锷说："滇虽瘠区，凤资协济，然警电传来，百端筹维，目前政费勉力暂认。兹先筹解中央20万元，以应急需。"② 这是云南财政史上的奇迹，也是民国初年中央政府及各省政府闹财政恐慌时，云南一省独秀的奇观。这样的结果，蔡锷颇为乐观地说，滇省在辛亥起义以后，做到了"财政上不甚困难，金融机关甚为活跃。""一切善后布置，俱能井井有条，秩序上之严整，实为南北各省之冠。"③ 这时的云南，确实成了"南北各省之冠"！

---

① 陈度：《中国近世社会变迁志略》，未刊，手稿原存云南社科院历史研究所。
② 《致袁世凯及各省都督电》，曾业英编《蔡锷集》第653页。
③ 《滇省光复始末记》，《辛亥革命》（六）第227页，上海人民出版社1957年版。

6. 迟到罚款，严格办公制度

民国初年的云南，自然经济占绝对优势，落后的小生产方式随处可见，以自然经济为基础的小生产方式，反映在人们的工作、生活和思想上，时间观念异乎寻常的淡薄。就是在云南军政府的大院里、大楼里，人们对上班、下班作息时间的概念，也是含糊不清的。蔡锷对这种不严格的办公时间和办事拖拉的作风，是非常不满的。为了为改革创造良好的条件，为了整顿机关作风，为了刷新政治，蔡锷决心从严格上、下班的作息时间入手，树立严肃认真的工作作风。

1912年4月17日，蔡锷亲自主持军政府政务会议，并在会上作了长篇发言。他说，军政府及其所属机关的办公时间，前已有规定，应该严格执行。但是，过去一些日子，公务人员上班迟到的情况时有发生。为了杜绝这种现象，对上班迟到的人员，应当进行经济制裁，实行迟到罚款的办法，要求所有单位一律实行。根据蔡锷的建议，政务会议明确作出了如下决定："每日午前七时半，由兵工厂再放汽笛一次，以为信号。如八时十分不到时，罚月薪百分之一，过二十分者罚月薪百分之二，每过十分钟以此递推，自阳历五月初一日实行。"

这可能是中国历史上，对上班迟到罚款的第一个官方的正式规定。要求有严格的时间观念，或者说强化对时间观念的要求，在这个规定中有了明确的反映。

蔡锷在改变机关作风过程中，不仅要求严格的上下班制度，还要求尽可能改变上班聊天、浪费时间的状况。为此，他要求军政府政务会议对机关工作人员的会客时间及机关内部各单位之间的碰头或会见时间，都要作出明确的规定。为此，军政府政务会议作出如下规定："外来之客以午前八时至十时为会客时间，府内人员，从午前十时至十一时，午后二时到三时为会客时间。如有紧急事件，随时会商，由秘书处拟令。"①

蔡锷不仅带头执行这一规定，还特地在自己的办公室背后墙上，贴了一张醒目的纸条，上书大字："鄙人事冗，除公事外，请勿涉及闲谈。"这既是以此自励，也是对别人的劝告。这使民国初年云南军政府机关及其所属单位办事效率大为提高，从而有助于使云南成为这一时期的"南北各省之冠"。

有趣的是，军政府对私营商店开门营业的时间也作了规定。云南历史上长期以来形成了"日中为市"的古风，商店开门时间普遍很晚，差不多太阳当顶了才开门营业。为了改变这种状况，根据军政府的指示，云南省巡警局于1912年8月28日，发出致云南省商务总局公函说："省城各街铺户，积习相沿，每日早晨开铺时间，七、八、九点不等，甚至延至十点钟始行开铺者。这种陋习，殊非民国肇基，咸与维新之气象。"而且，"早日贪眠，不特于事业难期发达，实于卫生上诸多妨碍。敝局职司警政，有正俗之责，应亟革此陋习。除拟定简明规则，出示晓谕，并通令各区，每日饬警，认真查察外，相应备文咨请贵局查照。"其简明规则共六条，第一条，各街铺户统限以每日早上七点钟一律开市，如逾限始开者，按照时间每过半点钟，罚金二角；第二条，各铺户有本日因事停开者，须将理由先行报告本段派出所，转报备查；第三条，各铺户如早间有事故，须到午间或午后始开者，仍先报知本段派出所注明，以便稽查；第四条，各铺户无论有无事故，本日停闭不开而不先报知本段派出所者，仍以违规论，照第一条办理；第五条，凡受罚铺户，每旬由本管区局将招牌、职业、姓名、号数及所罚金额，放张揭示；第六条，本规则自阴历九月初一日为实行期。②

对私营商店开门时间作出统一的硬性规定，作为官方文件，有可能是空前绝

---

①《政务会议记录》，《云南辛亥革命资料》第40—41页，云南人民出版社1981年版。
②云南军都督府巡警局致商务总局咨（1912年8月28日），藏云南省工商联档案。

后的。不管执行如何,它表明蔡锷在辛亥革命以后,在云南实行的一系列大大小小的改革措施中,认真改变云南落后面貌的决心。

正是这种决心,推动了云南多方面的改革。我们再举若干事例加以说明。

在教育方面,特设学政司(后改为教育司),并将原有视学4员,增至10员,新增学堂120所;注意改良私塾,普及小学教育,于曲靖、昭通、蒙自、普洱、永昌(保山)、丽江等地设立初级师范六区,对师范生实行三个月的军事教育;同时重视青少年的外语学习,考送欧洲、美国、日本的留学生达100余人。

在实业方面,根据云南省情,先从盐务、矿务入手,进而经营农桑、畜牧、工艺等事。整顿盐务,以扩大销路;推广矿业,拟订云南矿务暂行章程,以开放为宗旨,还在昆明设立矿物化验所、地质调查所,着力于保护和开发个旧锡矿、东川铜矿;注重农林,设立云南农务总会、农业局、蚕林实业团;订定垦荒、森林、畜牧章程,并改良种棉、制茶方法;同时提倡工商,设立全省模范工厂,整顿商品陈列所,举办劝业工厂,增加生产,开拓市场。

在交通方面,为铁路、电线、邮政、航运和公路等,都有相应的规划。云南地处边远,交通闭塞,军政府的交通规划,对于改善云南的交通,加快交通建设的步伐,打下了一个良好的基础。

在民国元、二年,即1912、1913年间,蔡锷曾多次通电,倡议修建"滇邕铁路",实际上就是"南昆铁路",并致电孙中山,请求帮助和支持。孙中山得到蔡锷电报后,非常高兴,表示从速核议办理,同时建议连建滇、桂、粤一线,并附上《滇桂粤线说明书》,其路线起于广东之广州,经梧州、柳州、昆明,终于云南大理;柳州至南宁,则修筑一支线连接。[①] 蔡锷、孙中山关于修筑滇、桂、粤铁路之规划,虽然当时未完成,却为后来修筑滇、桂、粤间的铁路提供了可资

---

①孙中山《致蔡锷函》,《孙中山全集》第三卷第29页,中华书局1984年版。

借鉴的参考资料。

辛亥后蔡锷在云南任都督仅两年,但在这两年内,云南军政府工作效率甚高,在改革和建设方面留下了许多业绩。为人们不大熟悉的嘉丽泽松坡桥,就是这些业绩中的一个事例。在20世纪初年,云南嵩明县嘉丽泽(湖泊)周围的48个村庄的农民,强烈要求开发嘉丽泽,以根除水患,保障人民群众的生活,促进生产的发展。辛亥云南军政府建立后,蔡锷曾亲自前往嘉丽泽地区考察。他先勘测小新街至今嘉丽泽农场的出水河,提出要加宽加深改直的建议,让夏秋之际的洪水能畅通牛栏江;继又详细规划了低洼地带的水利工程。当考察至天化宫河与弥良河在泽中会流的地域时,他又提出在这里需要建设桥梁,以利车辆通行。他任命了曾在日本留学的赵伸和云南工艺学堂教师刘显为嵩明县嘉丽泽水利工程处正、副处长,命令县长拨出仓谷作为兴修水利的资金,派48个村的百姓出工。自此以后,不但嘉丽泽周围的夏秋洪患面积大为缩小,使数万亩土地在秋末可种菜籽、麦类等作物。当时,根据蔡锷建议修筑的木桥,便被命名为"松坡桥",成为治理嘉丽泽水患的标志性建筑。20世纪40年代,桥的北端竖立一块青石碑,书刻"松坡桥"三个大字。新中国成立后,这座木桥改建为水泥桥墩,可是原有的石碑却不知去向了。这个不大的事例,说明辛亥后云南军政府,在蔡锷的主持下,确实是做了一些有成效的实实在在的改革和建设的事业。

7. 倡导天下一家,希望民族平等

云南是个多民族的省区,民族众多,少数民族人口占有较大的比例,云南军政府是比较重视民族问题的。蔡锷就倡导天下一家,希望实现民族平等。因此,辛亥云南军政府建立以后,省内较为安定,民族间的纠纷也很少发生。

但是在1912年春,永善县知县给云南军政府送来了一个报告,谈到了一件民族纠纷问题,希望军政府能够帮助解决。报告说,永善县属井底桧溪和锅圈一带在金沙江边,与川属巴布凉山隔江相望,历来山中的人俗称"蛮子"者,和滇边人民往来交易,素称和睦。不料1912年开春以后,凉山"蛮子"突有过江前来捆缚汉人泅水入山卖为娃子,而且辗转贩卖,越卖越远,被捆人家属欲寻找取赎都很困难,邻近各县为之震动。军政府接到报告后,交民政司核办。民政司以事出突然,原因不明,一面回复永善知县,命其调集附近团队扼江而守,以资防范,并查原因续报;另一方面又命令彝良、大关等邻县,亦查报实情。适各方材料报齐,乃知起事系由山中人与汉人交易时有受欺诈的事,积怨已久,更有奸人造谣说,汉地将有事变,山中人乃借机报仇;又因地方绅团不能设法处置消弭,遂至事件扩大,问题屡有发生,还有杀伤事主的事件,至于大举攻滇之说,亦系奸人谣言,山中人并无组织,更无政治企图。民政司认为,这事虽系局部地区问题,但恐愈演愈烈,于民族团结、川滇边境治安大有妨碍,乃报请军政府核示。

蔡锷为此事主持召开了军政府政务会议商议。有人主张派一军官带领一支队伍,前去震慑;有人建议将永善县衙门移往江边要地,以为阻挡;也有人建议用安抚、绥靖办法较为适当。主持会议的蔡锷听了大家意见后,决定采用安抚、绥靖的办法,由军政府派一名安抚委员,携带山民最需要的物品,前往永善,会同官绅入山宣慰,给民族头目等人以犒劳物品,唯一要点须使双方人民照常和睦往来,公平交易,已捆去的人要清查放回,双方人民的损失要查明相互赔偿。一面责成永善县约束边民,不得报复生事;一面切实整顿团队择要驻扎,控制船只木筏的来往,以避免事端再次发生。

省军政府决定,凉山安抚委员由省参议员保举老成干练的昆明绅士阮觐宸充任,一切办理手续及拨款事项由民政、财政两司与阮委员详细商酌办法办理。阮委员临行时,蔡锷交代,一定要安抚好,事毕回昆之时,务必率领几位凉山接近滇边的重要头目、又能听懂汉语的人,来昆明参观。阮委员颇有难色,说这一点实在没有把握,只能尽力争取。蔡锷再三劝慰,希望尽力而为,阮委员表示尽力照办。

阮委员到永善后，与知县会合，赴出事地点查问近况，并派人赴山头约山中头目来相会，初遭拒绝；又经反复宣传用意，送给布匹、食盐、针线等物，头目等数人乃应约而来。经过几次交换意见，疑虑逐渐解除，山中头目请阮委员、县知事去山脚宣慰，那里人较多。阮委员与县知事等人去山脚，宣布了云南军政府的德意，散发了犒劳物品，希望大家和睦相处，不要再生事端。山民们则要求汉人不要欺骗他们，双方同意照办。只是放回被捆人员和双方互赔损失两事，山中头目和江边绅士认为，一时难以办理，双方同意缓缓商办，当场指定了双方继续商办的人员。这次安抚取得了较好的效果。

阮委员返回昆明时，率领了12位头目到省城昆明观光，受到蔡锷的亲切接见。蔡锷接见时，逐一问明姓名、职务、生活情况，然后向他们宣传光复、革命的道理，特别强调了"五族共和、天下一家"的道理，指出头目们要管束山中人，不准过江抢掳，如与汉人有争执仇恨的事件，应报告头目与滇边官绅协同解决。蔡锷问大家能否办到？头目们表示能够办到。蔡锷招待茶点后，吩咐副官陪同山头目参观军队训练，他们见滇军军容威严，枪械锋利，以促进其服从之心；后又在昆明游览一周。头目们表示膺következ服，但对在昆明期间民政司接待不周，提出批评，蔡锷表示诚恳接受，明令将民政司长李曰垓处以记大过一次，通令各机关以后都要注意。

这次安抚以后，蔡锷当政时期的云南军政府再未接到过江边有任何事故的报告。据后来获知，在此安抚后两年多的时间里，双方和睦相处，再未发生事端。蔡锷为首的军政府，如此慎重处理民族关系问题，也是辛亥以后云南全省社会安定的重要原因。

8．妥善处理滇西问题，实现全省统一

辛亥起义时期，云南曾经出现了两个并存的军政府，即滇西军政府和云南军

政府。这两个政权都是革命过程中建立的，而且都是同盟会领导和支持的。而如何妥善处理一省之中，两个并存政权的局面，这是对云南革命志士的严肃考验。

腾越起义早于昆明起义三天，滇西军政府的成立也早于云南军政府成立三天。滇西军政府成立后，决定分兵三路，以扩大革命战果，进军矛头指向大理和昆明。然而在滇西军向大理进军途中，昆明已成立了以蔡锷为首的云南军政府，大理亦宣布反正，服从省军政府。这样云南境内出现了两个政权并存的局面。云南军政府蔡锷、李根源等通电，要求滇西军政府服从省城，撤回军队，不要进攻大理。滇西军政府第一都督、同盟会员张文光得电后，为顾全大局，表示服从，命率部在前线的滇西军都指挥陈云龙不再前进，驻师永平，听候与省军政府的协商。其时，滇西起义军沿途收容会党和降兵，已扩充到23个营，共3万余人，但军纪涣散，指挥失灵。陈云龙的总参谋、原永平县知事蒋树本不听命令，陈云龙率领的队伍也各自为政，继续东进。

其时，大理方面迤西总机关部担心滇西军占领大理，于是极力抵抗，先杀害了进入大理张贴布告的腾越军人何大林。接着又伪造电报，向省军政府诬陷滇西军政府前军通令，不承认省军政府委任的官员，并要大理军政听候接收点编等假文件，以激怒省军政府。这一诬告起了作用，省军政府乃下令大理方面迎头痛剿。在这之前，大理方面曾派代表周霞、马骥二人到合江会见陈云龙，请求不要继续前进，或派代表到大理谈判。但蒋树本已攻占了大理以南的蒙化（今巍山），还想继续前进。恰在这时，省军政府命大理军迎头痛剿，于是大理军与腾越军遂在合江、漾濞间发生严重冲突，双方展开了激烈的战斗，连续3日，结果陈云龙军战死300多，大败而退，始收军于太平铺；蒋树本所部亦为蒙化兵所败。

这样，腾越、大理关系十分紧张。为避免冲突扩大，张文光断然撤去陈云龙前军都指挥职务，另派钱沣接任，以缓和与大理的关系。同时，张文光再电呈云南军政府，说明腾越起义的真实情况及其向东进军的初衷，并对大理方面的诬告提出申辩。

滇西问题如果继续发展,有可能影响全省的光复和稳定。为了妥善处理滇西问题,蔡锷乃任命李根源为陆军第二师师长兼迤西国民军总司令,赋予全权处理滇西问题的权力。这样,滇西53个州县,皆委托李根源处理。

李根源是辛亥云南军政府的实权人物。当张文光得知李根源即将赴滇西时,致电表示极欢迎,而且一定顾全大局。李根源滇西之行,作了两手准备,一方面致电腾越张文光和大理迤西总机关部总理赵藩①,希望和平解决滇西问题;另一方面也作了进军腾越、永昌的准备,迫使腾越军就范。所以,李根源以缪嘉寿②为参谋长,带着刘祖武一个团、炮兵队、机关枪队约2000人,声势煊赫地向滇西挺进,于1911年12月17日到达大理。

张文光深明大义,表示愿意顾全大局,以和平方式解决滇西问题。张文光的部下彭蓂、李学诗、刘德胜等,不仅也是同盟会员,而且又是云南陆军讲武堂毕业的,与李根源有师生之谊,所以滇西问题的和平解决是很有希望的。李根源到大理时,张文光派代表张文运、张镒安、和朝选、曹之骐等9人前往欢迎,请李根源、赵藩赴腾越商议,并与李、赵等就腾永事宜进行会谈。李根源向滇西军政府提出九项条件:(一)裁汰兵勇,除顺宁李学诗、云龙州刘德胜两军另行办理外,腾永只留7营,其被裁之军饷均由省城担任。(二)停止捐派。(三)设置官吏,军队不准干预地方政府。(四)所有腾军收入用出之款,须逐款胪列,通告

---

①赵藩(1851—1927),字樾村,白族,云南剑川人,清举人,著名学者、政治家,曾在四川任职。辛亥时在大理,被推迤西自治机关部总理,后为众议员,广州军政府交通部长等,1927年病逝。

②缪嘉寿(1883—1928),字延之,云南昆明人,清末云南新军任职,参加辛亥昆明起义,迤西国民军总司令部参谋长,后为护国军兵站总监,云南财政厅长,云南第二卫戍区司令等,1928年病逝。

全省父老子弟周知。(五)军用票即日停发,其已发者限期收回,收回之款由省城担任。(六)禁运海盐入境。(七)将刘竹云、张文焕、杜文里、王元等交案审讯酌办。(八)除留7营外,所有裁撤各员弁,饬其到省听候委派,或随师司令部差遣。(九)腾永人士公推多人到省城都督府各司等处,共同办理庶政。对这些条件,张文光复电,一一承诺。① 这就是说,滇西裁军,地方官由省任命,惩办少数肇事将领等,滇西军政府全部接受。

李根源赴腾越前,电报省军政府,同意授张文光为腾越镇军门,专管腾越军务。1912年2月1日,李根源、赵藩到达腾越,处理善后,先后惩办了永昌兵变首领黄鉴泽(统领)、王太潜(营长)等,诛戮叛变官兵二三百人,裁兵3万余人,斩决不法官兵及惯盗、土棍、劣绅、蠹胥千余人。杀人似乎多了一些。

旋,省军政府又任命张文光为正都尉,张文运为同协都尉,将张文光纳入省军政府的统属之下,成为李根源统率之西防国民军的一部分。张文光也表示接受,腾越军政府即宣布撤销。滇西军政府作为辛亥革命时期云南的第一个新政权,完成了自己的历史任务,云南省内两个政权并存的局面,妥善地解决了,这就为云南全省的完全统一创造了良好的条件。

1912年4月,云南军政府又任命张文光为协都督,张文运为同副都督,命其移驻大理,统辖腾越、永昌、顺宁的驻防军。腾越随即改名腾冲。云南军政府任命张文光为协都督时,强调了张文光的两大功绩,第一是在腾倡举义旗,商民安堵;第二是又能顾全大局,共保治安。②

虽然解决滇西问题的过程中,可能多杀了些人。然而从总体上看,滇西问题的解决是顾全大局的。关于这一点,当事人曹之骐的评论还是比较公允的。他说:

---

① 曹之骐:《腾越光复纪略》,《辛亥革命》(六)第237页,上海人民出版社1957年版。
②《西事汇略》,《云南辛亥革命资料》第522页,云南人民出版社1981年版。

"辛亥之秋，义师飚发，豪杰之士，乘时峰起，提一旅即号将军，略一城即开幕府。后虽稍稍削迹，计一省之地，都督之外，号称军分府者，所在皆是。及大势粗定，乃议合并，而缔约遣使，隐若敌国，甚或怙势不下，日寻干戈，久而后定，若此之难也。腾越发难最先，而合并独早。当事未定，亦有建军政分府之说者，卒屏不用，以去畛封。虽还定安辑者，根源之功，而文光激于公义，不怙权势，降心相从，始终无间，亦当世之所难，而功不可没者乎。"①

张文光领导腾越起义，其功不可没，其后在处理与云南军政府的关系上，顾全大局，尤值得称赞。李根源解决滇西问题，虽有不足，但从大局着眼，总体上处置还是妥善的，应该肯定。

两个政权并存的局面和滇西问题的妥善解决，在辛亥革命史上还是值得大书特书的。

---

①曹之骐：《腾越光复纪略》，《辛亥革命》（六）第238—239页，上海人民出版社1957年版。

四、出兵川黔藏，滇军支援邻省

1. 支援兄弟，滇军出兵四川

辛亥武昌首义后20日，昆明响应武昌起义，云南全省旋即光复。云南光复后，省内较为安定。而在同一时期，西南地区以至全国各省，还在很大程度上处于动荡不安的状态之中。川、黔、藏有关方面，曾先后来电，请求云南军政府支援，为此云南决定派兵支援邻省。

首先说对四川的支援。

武昌起义前夕，四川人民反对清政府出卖路权的"保路运动"蓬勃开展，迅速转化为反清武装暴动。四川人民的保路运动成了武昌首义的前奏曲。然而，辛亥武昌起义后，四川响应起义的力量由于反动派的镇压而分裂，延至11月20日重庆才响应起义，宣布成立以同盟会员张培爵、夏之时为正副都督的蜀军军政府，然而蜀军军政府力所能及的仅是川东、川南的部分地区，四川省会成都仍然在清廷的控制之下。随后川北广安、川东万县、川南泸州分别成立了军政分府。这样，四川军府林立，社会秩序混乱。加之，清朝四川总督赵尔丰陈兵成都、简阳间；清朝钦差大臣傅华嵩、统领凤山、驻藏大臣联豫率兵万余由雅安向成都进军；清朝川汉铁路大臣端方，又屯兵川东，川事危急。而川省地势重要，北可接陕西、山西，东可顺流至湖南、湖北，西南可连云南、贵州。其时，革命军正与清军战于武汉，形势吃紧。如果四川光复和稳定，对于武汉地区的革命势力是一个巨大的支持。所以当时有这样一个说法："大局之危危于鄂，而鄂之危又危于蜀。"因此，解决好四川问题就成了革命者在西南方面的重要任务。

希望迅速解决四川问题，是革命派和独立各省的共同要求，所以，著名革命党人黄兴,湖北、湖南地区的领导人黎元洪、谭延闿等人,先后来电,敦嘱援蜀,以解鄂危。已响应武昌起义的蜀军政府都督张培爵也致电云南军政府,请求派兵支援四川。川省知名人士胡景伊、郭灿、刘存厚等亦纷纷上书云南军政府,提出援川的要求。在这种情况下,云南军政府决定派兵援蜀。

云南军政府于1911年11月初即讨论了"援蜀案",提出三大宗旨:"(一)天府之国,为形势所必争,川乱平,则鄂无牵制。(二)铁路风潮起,各省次第反正,独川省为赵、端钳制,转不能成独立,应扶助之,俾五族早定共和。(三)赵、端大肆淫威,政学绅商,死亡枕籍,宜拔发缨冠往救。"①旋即组织援川军一个师,以云南军政府军务部总长韩国饶为师长(又称"滇军援川军总司令"),下辖两个梯团,以谢汝翼、李鸿祥分任第一、二梯团长。

滇军出发前,云南军政府发出了布告和宣言,阐述了援川宗旨。大意说,清廷荼毒中国已200多年,赵尔丰督川屠戮之罪,为吾蜀父老所深受。继武昌起义之后,云南已经响应起义,而吾蜀父子弟却仍在水深火热之中。"吾滇蜀人,以势则辅车之相依,以义则脊令之急难,又吾滇人拔发缨冠不容自逸者也。自军兴以后,吾滇养兵之费历年仰给于蜀,虽以民力艰难,叠议改拨,以次递减,然犹岁银七万两,则我军食蜀之馕,赴蜀中之急,亦为义务所在,无可免者也。"②辛亥滇军援川,公情私谊都是可以理解的。

11月14日后援川第一、二梯团先后出发,此时川省形势又发生新的变化。11月17日,端方在资州被杀,入川鄂军宣布反正;同日,成都响应武昌起义,赵尔丰被迫交出政权后逃亡,旋亦被杀。成都成立大汉军政府,推举蒲殿俊、朱庆澜为四川正、副都督。十天以后,即12月8日成都发生兵变,蒲殿俊、朱庆澜

---

①周钟岳:《援川篇》,《云南光复纪要》第92页,云南文史研究馆1991年印。
②滇军援川《宣言》,曾业英编《蔡锷集》第331—332页。

逃走，尹昌衡、罗伦继任四川正、副都督。再过数日，滇军援川军第一梯团抵达叙府，第二梯田抵达泸州，沿途顺利，所向无敌。

按照滇军两梯团的进军计划，一路经叙府向成都进军，矛头指向赵尔丰的势力；一路经泸州向川东进军，矛头指向端方的势力。同时计划在解决川省问题以后，准备北伐。然而，当滇军第一、二梯团先后到达叙府、泸州时，川省形势已发生变化，于是蔡锷命令第一、二梯团停止前进，暂驻叙泸，与川军府协商，震慑地方、安抚人民。

滇军入川时，除两梯团外，还以川人郭灿为援川巡按使、陈先沅为援川巡按副使，与川省各界联络。为了处理滇军入川与川省的关系，滇军派巡按副使陈先沅为全权特使去重庆，与重庆蜀军政府全权委员谢省商议双方互助合约。双方于1912年1月4日签订合约九条，合约前言说："蜀军政府当成都未反正之先，赵尔丰等与同志会血战不解，且驻防兵力尚厚，蜀军政府力图恢复全川，出同胞于水火，以谋中华民国之统一，是以电请滇军政府派兵援川，协力共济。今滇军到川，满帅虽已就戮，而大局未稳，内乱未靖，当互相借助之事颇多，故与援川军略定条件。"条约规定，蜀军政请托援川滇军协力维持大局，月给军饷约五万两，然而不得自由行动，干预民政财政等。这样，滇军援川不仅有道义上的合理性，而且更有了条文上的明确规定。后蔡锷指示，将入川滇军饷项由蜀军政府负责一点，改为"滇军援蜀饷项，本应自筹，现财政奇绌，只能暂就蜀筹，将来滇力稍裕，仍应如数归还。"遂约定。①

然而，此时川南社会秩序较为混乱。一方面是反清群众运动勃起，另一方面是少数人趁火打劫，这两种情况有时难以分清。滇军驻扎川南，面对着这种混乱状况，采取了维持大局、剿抚兼施的方针，还在1912年12月18日，谢妆翼梯

---

① 张肇兴：《援川编》，《云南光复纪要》第82页，云南文史研究馆1991年印。

团即向叙府地区翠屏山、真武山以及吊黄楼等地，发动进攻，毙匪首罗子舟及统领、管带20多名，匪党40余名，缴获枪支20余杆，穷追30余里。同时，还向自流井、贡井地区出击，夺获快炮300余支，洋抬炮数，马四五十匹，铜钱7000串。经过这一场战斗，滇军就控制了自流井、贡井、五通桥等川南繁华之区。李鸿祥梯团亦进占合江等地。

滇军占据自流井、贡井等地，引起了川军的不满。因为当时蜀中财源，大半出于自、贡两井。这个财源为滇军控制，川军不能不感到是个威胁。加上，滇军在川南作战中，川南军分府司令部长（重庆蜀军政府所派之川南总司令）黄方为滇军在合川误杀，更引起川人的愤怒。这样，援川滇军与川军的矛盾逐渐表面化，尤与成都军政府矛盾更为尖锐，到2月中旬，川滇两军终于在自流井以北界牌地区发生武装冲突。一时间，战云密布，大战一触即发之势。蔡锷一电再电，表示希望和平协商解决，重庆蜀军政府出面调停，李鸿祥又通过川军刘存厚、王人文、胡景伊等人出面协商，几经调解，终于化险为夷。

2月20日，成都与重庆军政府联合派出代表胡景伊、王馨柱、邵从恩到自流井，与滇军韩国饶、谢汝翼、李鸿祥等协商，双方订立了《北伐条约》八条，从而结束了川滇之间正在酝酿的战争。

《北伐条约》八条的主要内容是：川滇各军组织北伐队，分道前进，会师中原；滇军北伐军一个梯团所需军饷，由川军政府负担，每月25万元为限；北伐团所设兵站，由川军政府组织，后勤由兵站统筹。条约还规定了滇军出发的日期等具体问题。条约规定是明确的，其目的是要使川滇两军团结起来，为实现共同目标而斗争。这个共同目标就是川滇军组织北伐队，分道前进，会师中原，直捣清廷。

3月12日，成渝两军政府合并，以尹昌衡为四川都督，张培爵为副都督。原拟订之川滇联军北伐计划，因清帝退位，北伐军遂停止组织。滇军援川军乃决定分途返滇。

1912年4月，入川滇军除张子贞一支队入黔外，谢汝翼、李鸿祥两梯团先后分道离川返滇。两梯团于5月6日同时抵达昆明，至此援川滇军结束了自己的使命。应该说，滇军援川的决定是难以否定的，滇军在川显示了自己的威风，其行动虽有失误，而撤离川境则是有纪律的，遵守了诺言。滇军援川是应该正面肯定的。曾参与滇军援川的朱德，在《辛亥革命杂吟》组诗中，其中一首写道："忆曾率队列宜宾，高举红旗援兄弟。前军到达自流井，已报成都敌肃清。"是的，滇军援川，是"高举红旗援兄弟"的。

2．滇军北伐，入黔显威风

辛亥滇军入黔的起因，是云南军政府组织北伐援军，以声援武昌起义后的革命形势。云南北伐军早在1911年11月即已组织，是时汉阳失守，民军不利，南北议和，迁延未决，于是革命人士担心清廷复振，非联合民军大举北伐，不足以谋统一而巩固大局。于是，长江以南各省皆组织北伐军。黄兴、黎元洪亦多次表示，希望起义各省迅速援鄂。可见，北伐军的组织绝非限于云南，其初衷就是要声援武昌的革命军。

云南北伐军是继云南援川军之后组成的，编定为4000人，最初名为北伐第三梯团（排在滇军北伐援川军第一、二梯团之后），以云南军政府军政、参谋两部次长唐继尧为司令。北伐军的出师路线，原来并不打算途经贵阳，而是取道泸州，与援川军会合，速赴中原。因而，此时已响应武昌起义的云南、贵州两省军政府并无冲突，相反还是互相关照的。

然而，云南北伐军出师前，国内形势发生了急剧变化，蔡锷才决定唐继尧所率北伐军入黔，经贵阳开往湖南。为此，蔡锷致电贵州军政府说，云南北伐军"原拟取道蜀中，督率援军，共出关陕。……故滇军拟出湘黔，顺道促其反正。近闻黔中匪势甚炽，遵义、大定曾抢掠一空。滇军到贵阳时，若贵军约其暂驻一、二日，以资震慑，滇军自当尽力。若恐人民惊疑，则滇军即行通过，并不停留。"① 滇军乃考虑经黔入湘。这时，贵州内部自治学社与贵州宪政会、贵州耆老会有矛盾，宪政会等立宪党人以为有机可乘，乃与贵州枢密院副院长任可澄及刘显世、郭重光等密谋，假借枢密院名义，向蔡锷发电报说，贵州"公口"横行，请求滇军北伐过黔，代平黔乱，并派曾在云南任职的戴戡、周沆向蔡锷作"秦庭哭"，详说贵州公口林立，竟成匪国，催促蔡锷指挥滇军，进军贵

唐继尧，昆明重九起义的策划者之一，起义后为云南军都督府军政、参谋两部次长，后为贵州都督

州。蔡锷对贵州内部自治学社与立宪党人两派的斗争并不了解，仍决定滇军入黔，再行北伐。1912年1月27日，滇军北伐军在昆明誓师北伐，昆明人民数千人欢送，欢送旗帜上书八个大字："不平胡虏，请勿生还。"显然，昆明人民对北伐军的希望是"平胡虏"，而不是去贵州平"公口"之乱。

滇军北伐出师时，已经决定要途经贵阳。然而，当滇军于2月初到达平彝（云南富源）时，蔡锷连发几个电报给唐继尧，要求北伐军中止入黔，改道入川。其理由主要是：（一）北虏猛冲潼关，陕西形势危急，迭电请援，而在川滇军正在剿匪，非速平蜀，碍难援陕，所以要唐继尧北伐军入川援蜀；（二）此时川滇

---

①《复赵德全电》，曾业英编《蔡锷集》第416页。

两军在自流井地区已发生冲突,在川滇军,亦需增援;(三)获悉贵州省内情形,党争甚烈,如滇军入黔,冲突立生,即代为戡平,不过为一党人争势,劳师糜饷,对滇军妨碍实多。因此,经滇军政府商议,审时度势,宜暂置黔事,并力赴川,先图根基,再图进取,既免树贵州之敌,又可增援蜀之兵。而川局早定,北伐尤易为力。所以蔡锷连电唐继尧,要求改道入川。

唐继尧开始也决定改道入川,然而两天以后,唐继尧又决定停止改道,仍向贵进发。为什么唐继尧停止改道,继续向贵阳进发呢?乃贵州立宪党人起了很大作用。立宪党人戴戡、周沆连发数电给蔡锷,又致电唐继尧说,贵州局势混乱,如滇军改道,贵州宪政会、耆老会诸人,必遭残害,元气、正气丧失殆尽,滇军不发,黔祸或缓须臾;滇军改途,黔害立见糜烂。戴戡、周沆负黔负滇,惟有请戮于贵军政府,以谢不慎之罪。他们甚至煽动唐继尧说:"目前贵州无人,军政府一片混乱,司令(唐继尧)若到贵阳,都督自然非你莫属。到时司令与蔡都督一黔一滇,平起平坐,蔡都督还有什么话可说呢!"唐继尧此时不禁怦然心动,于是致电蔡锷说,北伐先遣队,入黔已深,改道已很困难,面对戴戡、周沆的要挟和唐继尧的拒命,蔡锷无可奈何,复电唐继尧说,当初计划如此,但军情瞬息万变,不能执一而论。只是陕西、四川均甚危急,我军自当先其所急,并非失信于黔,惟黔省要求,乞望北伐军往助,早定黔局。为此决定,北伐军可分拨数队,代平黔事,余均仍须入蜀,以应援蜀之急,并速北伐之师。这就是说,蔡锷对入蜀的命令已作了修改,但并未全部放弃,要求北伐军主力入蜀,而分兵入黔,两头兼顾,这样既不忍坐视黔事,又不得不顾全大局。

但是,蔡锷分兵计划,仍遭到唐继尧和戴戡、周沆的反对。唐继尧坚持先平黔乱,再入四川。蔡锷知道,将在外君命有所不受的道理,只好顺水推舟,致电唐继尧说:"黔事糜烂,迭经绅商请援,实难坐视,希即督率所部,戡定黔乱为要，毋庸改道入川也。"① 唐继尧于是毫无顾忌地向贵阳急进。事实上，正是蔡锷发出这个电报的同一日，即1912年2月27日，唐继尧已率军抵达贵阳近郊。

唐继尧率领滇军抵达贵阳近郊后，即分兵占领各高地和各要害地区。在贵州耆老会、宪政会及其所支持的部分黔军的怂恿和配合下，唐继尧于3月3日拂晓，向贵阳城内突然发起进攻，滇军如秋风扫落叶，很快控制了贵阳的局势，贵阳自治学社及其所支持的贵州军政府迅速瓦解崩溃。

唐继尧控制了贵阳后，对自治学社一派的人马及其群众实行大屠杀。唐继尧的随从副官李佩珩回忆说，战斗结束后，押解俘虏一千六七百名来螺丝山阳明洞，报请总司令发落。唐继尧接到报告后即起身叫我同他出去看，一大伙副官、马弁跟随到了祠外，一看这些俘虏，并不是军人，只是穿普通衣服的人，甚至还有穿长衫的杂立其中。所谓俘虏，同被集合到螺丝山麓的一个平坦低凹的地方，有武装在周围持械监视。唐继尧到场后，看看俘虏，又看看报告，叫了一些被监视的俘虏出来，然后命令十名一列、十名一列的排列成行、随令副官、马弁一列一列的解往山后斩首。这样一次就杀了不下五六十人，真是惨不忍睹。② 而且被俘之人，"无论官长士兵，恐不能己用，缴械之后，驱至东郊，悉数坑杀。"③

次日（3月4日），在贵州宪政会、耆老会控制下的贵州省议会，推举唐继尧为临时都督。蔡锷在得知唐继尧被推为临时都督后，虽曾表示谦让，却又告之："既经公推执事为都督，应勉为担任，以副群情。"④ 接着，蔡锷通电各省，说明

---

①《致唐继尧电》，《复唐继尧电》，曾业英编《蔡锷集》第460、473页。

②李佩珩：《随唐继尧入黔忆事五则》，《辛亥革命回忆录》（三）第401—402页，文史资料出版社1981年版。

③黄济舟：《辛亥革命贵州纪略》，《云南贵州辛亥革命资料》第169页，科学出版社1959年版。

④《复唐继尧电》，曾业英编《蔡锷集》第493页。

滇军入黔，使"黔省人民，重睹天日。"黔人公推唐继尧为贵州临时都督，虽非所愿，但"惟黔局甫定，喘息未安，不能不勉徇群情，暂资震慑。"① 随后，蔡锷筹措银五万两，汇解贵州，以支持唐继尧。②

稍后，北京政府临时大总统袁世凯任命唐继尧署理贵州都督，到5月又正式任命唐为贵州都督。唐继尧在贵州的统治得到了确认。

滇军北伐及入黔本身，其初衷是很难否定的。滇军入黔，大显威风，黔军很难抵御。问题在于，唐继尧率滇军入黔，插手黔局，实行大屠杀，事实上开创了民国以来以武力夺取邻省政权的恶劣先例。云南军政府虽有一定责任，而唐继尧则负有更大，更直接的责任。

3．反对英军入侵，滇军进藏平叛

辛亥革命前夕，英、俄两国加紧了对我国西藏地区的侵略活动，清朝中央政府曾令川军两千人调往西藏，英国印度殖民当局竟然表示"反对"，西藏三大领主也发动了叛乱。1910年2月，川军在江孜粉碎了叛军的抵抗，进入拉萨。在英国侵略者的诱惑下，达赖逃往印度。英国即于同年6月，派兵进驻的藏边境的朗塘，叫嚷达赖如果回藏，英军则入藏以"担当"保护的责任。

辛亥武昌起义以后，达赖与英印总督密商，派达桑占东潜回西藏，策动武装叛乱。西藏大农奴主则组织"勤王军"，以清政府原驻藏大臣联豫为"元帅"，亚东等地驻军也发生哗变。西藏大农奴主还以达赖名义，发布"驱汉"命令，组织以达桑占东为总司令的"民军"，围攻拉萨、日喀则、江孜的川军，并进扰西康藏区。云南都督得报，乃电四川都督尹昌衡，筹商办法。可是，由于辛亥滇军入

---

① 《复黎元洪电》，曾业英编《蔡锷集》第494页。
② 《复唐继尧电》，曾业英编《蔡锷集》第501页。

川之事遭到疑虑，尹昌衡表示，藏事由四川"独任其难"，不希望滇军插手。

然而，西藏形势迅速恶化，告急求救之书急于星火。于是，蔡锷在1912年4月30日致电北京政府，分电四川说："西藏为我国雄藩，外人垂涎已久，非亟早经营，则藏卫终非我有。西防一撤，后患何穷，应请大总统早为规划，以固边圉，而戢后患。"① 5月6日，蔡锷再电北京，分电各省，明确表示滇军愿意出兵西藏，以救危机。蔡锷还恳求，中央派一洞悉边情的大员，为川滇边务将领，办理边务一切事宜，以固边防，抵抗侵略。最初北京政府只同意滇军"确探情形，密为筹备"，而不要求云南出兵。但因形势发展愈来愈恶劣，加之蔡锷再三要求说，滇军"若以之防剿藏乱，必能得力。"否则，"万一边境相继论胥，实为国会诸公之责，非滇省所能任咎。"② 这就把责任推给了中央政府和国会，并提出了警告。

面对着西藏局势的迅速恶化，四川都督尹昌衡也希望滇军能够出兵，并致电北京政府："藏境危急，已派军西进，请饬滇督迅拨劲旅联合进藏。"于是，北京政府乃于5月18日正式同意滇军出师，电报说："尊处迅拨得力军队，联合进藏，竭力镇抚。"并希望川滇各方，"务祈捐弃前嫌，力顾大局。"③

于是，滇军开始了进藏平叛的准备工作。5月29日，蔡锷致电北京政府，说明滇军进藏，可沿历史上两条道路进军，一是取道宁远、雅州转入巴塘；一是取道中甸，经阿墩子由巴塘入藏。由于川军亦同时从巴塘入藏，两军同道，粮饷运输困难，恐又发生矛盾。因此，蔡锷建议，川军由巴塘入藏；滇军另辟新路，由维西、茶砭、马必立之间出口，经珞瑜野人地方，向西北往拉萨前进。这样，滇藏间交通可捷一千余里。然而，此路新辟，需要先派侦察部队，再派工程队，大

---

① 《蔡锷致电政府汉藏交战关系甚巨请早规划》，《民元藏事电稿》第1页，西藏人民出版社1982年版。

② 《致袁世凯暨国务院电》，曾业英编《蔡锷集》第623—624页。

③ 《国务院电蔡锷请派兵会同蜀军进藏镇抚》，《民元藏事电稿》第11页。

军才能出发。预计出兵一个混成协（旅），年需200万元。滇省财力有限，希望中央筹款。6月18日，北京政府命令滇军说，取道宁远、雅州至巴塘一路，绕越太多，毋庸置疑；由维西出口，取道珞瑜野人一路，工程艰难，用费太多，暂从缓议；惟中甸至巴塘一路，有可通之处，较为适宜。

由于西藏形势没有缓和，四川政务会议于6月7日决定，请川督尹昌衡率兵入藏平乱，中央亦申令尹昌衡入藏，尹乃出任征藏军总司令。与此同时，蔡锷任命云南军政府参谋厅总长殷承瓛为滇军西征军司令官，率兵进藏。殷承瓛又命江映枢为先遣军指挥。7月，滇军从昆明出发之日，都督及各厅、司长，各校男女学生皆迎送至郊外，军容甚佳，气氛热烈。

8月14日，西征军抵达大理。达赖得知，滇军与川军联手入藏参战，颇为不安。他决定派人入滇，暗杀滇军西征军司令官殷承瓛，以阻止滇军的行动。于是达赖派了十几个刺客，装扮成商人来到大理、丽江间，伺机行刺。就在殷承瓛从大理前往丽江途中，殷为防不测，改坐轿为骑马，并换上普通士兵衣服；轿子则由副官乘坐，仍由士兵抬着。部队急行军一日，快到丽江时，已是傍晚，突遇到一行商人打扮的壮汉迎面而来，在靠近轿子时拔出手枪射击，副官不幸牺牲，殷承瓛幸免于难。这一事件并未阻止滇军的行动，反而使滇军更加警惕。

8月12日，四川将领张世杰战败，率军退至阿墩，巴塘危急。川督尹昌衡急电滇军，请求支援。因殷承瓛部尚在途中，蔡锷遂电令丽江府守熊廷权预为接济。接着，维西协副将李学诗来电云，江卡被叛军攻陷，委员优鹏瑞被俘，稻城失守，巴塘、盐井告急。殷承瓛急令李学诗为前卫司令，直趋盐井堵剿。不久，贡党亦陷，委员单镜只身逃出求援。江映枢率兵急赴巴塘，途经纳庵寺。纳庵寺叛兵措手不及，只好缴械投降。西征军初战告捷，士气大振。

8月19日，殷承瓛到达丽江，决定将滇军分为四个纵队，分途进军。以郑开文为左纵队长，率兵四个大队，骑兵一个分队，炮兵、机关枪兵各一队；以李学诗为西防国民军左纵队长,率兵三个中队,取道维西大道直趋盐井;以姜梅龄为右纵队长,率兵三个中队,骑兵一个分队,炮兵、机关枪兵各一个小队;以杨汝盛为西防国民军右纵队长,取道中甸大道直趋乡城。殷承瓛的司令部及预备队暂驻丽江,后移驻阿墩,以作后援。

8月15日,西征军左纵队与叛军在溜筒江附近遭遇。叛军素质及装备较差,与滇军接触后胡乱放枪,基本上未打中目标。当日叛军被击毙17人,其余退至40里以外的墨里村。第二天,叛军再次纠集,砍断溜绳,在西岸滋扰。西征军设法过江,前后夹击叛军。叛军垂死挣扎,战斗到第三天中午,西征军全面攻破叛军阵地,又打死7人,伤30余人,跳江死者20余人。而滇军西征军无一人伤亡,仅打折九响枪一支,消耗子弹1400多颗。捷报传来,殷承瓛急令左纵队乘胜直追,直捣盐井。

8月24日,滇军攻克盐井、乡城,生擒叛军长官鲁宗甲约,俘虏多人,击毙甚众。殷承瓛命郑开文将俘虏押往阿墩拘留,令由盐井逃往阿墩的委员张世杰回盐井摄县事,归滇军驻盐井长官节制。

滇军攻克溜筒江、盐井、乡城后,连战连捷,遥解了巴塘之围,增援了川军。北京政府下令嘉奖,电报蔡锷说:"该都督调度有方,将士奋勇用命,深堪嘉奖。"① 这既是对蔡锷的表彰,更是对殷承瓛和滇军西征军将士的肯定。

滇军连战连捷后,川滇军疑忌复起。川督尹昌衡先后三次发出电报,阻止滇军前进,又直接致电袁世凯,借口英人干涉,如滇军轻进,恐酿交涉。蔡锷为避免激化,影响一致对外,乃于8月31日致电北京政府说,川滇两军"如仍有彼此疆界之嫌,而未谅兄弟御侮之意,则滇军唯有退保疆隅,防番气之侵轶,藏中之事仍请川军独任其劳。"之后,川滇两军矛盾未能消融,因此9月21日,北京

---

①《国务院电蔡锷溜筒江等获胜嘉奖》,《民元藏事电稿》第38页。

政府下令:"滇军援藏一节,现款难筹。英人干涉,民国初建,岂容轻启外衅,已交国务院速议办法,保我领土主权。至川边抚剿,尹督自任专办,筹兵筹饷,悉由该督经营,滇自不必争。刻下昌都等处均驻川兵,殷司令切勿轻进,转生枝节。"① 蔡锷不得已,乃令殷承瓛酌留陆军一大队、防军一二营,经营野人山珞瑜一带,其余部队全部撤还。

殷承瓛奉命撤军,却愤懑不平,乃致电北京政府说:"滇本贫瘠,自顾不遑。迭承大命,促令西征。而求救之文,又急于星火。我都督情不得已,始选将出师。三月以来,虽兵不血刃,而损失已巨。事方得手,忽饬驻井,忽饬还滇。承瓛蝉脱一身,本可应机休息,而数千健儿分道远出,一瞬千里,何能操纵自如?在承瓛虽号令不一,既已大失军心;在钧院朝令夕更,亦恐有妨军政。"然后提出上、中、下三策,以供中央选择,指出如果"仰外人之鼻息以为劝止,坐使辉煌佛国,转瞬沉沦,莫如先发大命,饬滇班师,将来亡藏史上,若有滇军西征军一字一姓,滇军虽死,不为雄鬼以夺其魄,亦为厉鬼以击其脑。皇天后土,共断斯言!"② 愤懑之言,跃然纸上。

10月末滇军西征军撤出藏境,11月11日抵丽江。殷承瓛到丽江后,仍愤懑难平。丽江知县熊廷权提笔写下一文,表达殷承瓛的心情。殷承瓛作为书法家,亲笔书写,勒石于丽江黑龙潭公园。铭文较长,除说明滇军西藏平叛的有关问题外,还愤怒斥责北京政府,朝下一令曰其速来,夕下一令曰其速去,岂计我昆弟子之生命牺牲,我姊妹诸姑之簪发之损失?藏乱未平,壮志未酬,殷承瓛感到十分遗憾。

12月14日,滇军西征军返回云南省城昆明,滇军进藏平叛与反侵略斗争遂

---

① 赵式铭:《西征篇》,《云南光复纪要》第140页。
② 殷英、杨建虹:《护国上将——殷承瓛》第72页,云南大学出版社1999年版。

辛亥革命杂咏

同清一须揭中山
盟起义武有真精
会义旗昌全先神
高一都人驱觉
举呼城民逐天
报百都全满下
戊应起国清为
申。义响诛公
。时应。。

忆拍封建五
当案建又族
年击制复共
辛节度辟和
亥无数。。
革力千孙
命挽年中
起。。山
武汉先
昌。生

领会同起
导同盟义
中盟会军
华会员。
革倡革辛
命导命亥
人革起革
民命义命
先。。先
觉袁遍声
。世地夺
凯开垒
称花。
帝。

共阶孙率
产级中领
党分山人
领明先民
导。生闹
革革未革
命命完命
始未成。
成克革
功完命
。成事
。业
    ，

朱德
一九六一年
十月七日

朱德《辛亥革命杂咏》组诗八首

告一段落。滇军入藏平叛与反侵略，维护祖国的统一，功不可没，功绩昭然。

辛亥之际，经过革命洗礼的滇军，在全省光复，统一全滇，以及援川、援黔、援藏的过程中，显示了良风的纪律和作风，掌握的武器亦较先进，因而有较强的战斗力，大显了威风，成为国人关注的一支军队。所以当时舆论认为，"滇军精锐，冠于全国。"① 不仅为几年以后，护国战争爆发于云南打下了良好基础；也为民国时期滇军的出色表现，开了一个很好的头。

---

①赵钟奇：《护国运动的回忆》，《近代史资料》1957年第5期第25页。